Bernd Schmid

Am Zaun

Persönliche Essays

unter Mitarbeit von Jutta Werbelow

www.bernd-schmid.com
www.isb-w.eu
www.isb-i.eu

© 2016 Bernd Schmid, unter Mitarbeit von Jutta Werbelow

Verlag: tredition GmbH, Hamburg

Bibliographische Information der Deutschen Nationalbibliothek
Die Deutsche Nationalbibliothek verzeichnet diese Publikation in der Deutschen Nationalbibliografie; detaillierte bibliographische Angaben sind im Internet über http://dnb.d-nb.de abrufbar.

978-3-7345-6486-4 (Paperback)
978-3-7345-6487-1 (Hardcover)
978-3-7345-6488-8 (e-Book)

Umschlagabbildung: © Elsa Hagelskamp: „Der Junge"
Bernd Schmid Privatarchiv

Printed in Germany

Das Werk, einschließlich seiner Teile, ist urheberrechtlich geschützt. Jede Verwertung ist ohne Zustimmung des Verlages und des Autors unzulässig. Dies gilt insbesondere für die elektronische oder sonstige Vervielfältigung, Übersetzung, Verbreitung und öffentliche Zugänglichmachung.

Inhalt

Vorwort 7
Höhere Weisheit 9
Geburtsanzeige 11
Abschied 15
Hoffen 19
Outing 23
Tutti Frutti 27
Sehnsuchtsziele 33
Laster und Talente 37
Zufall 42
Gelassenheit 45
Surreales Kaleidoskop 48
Kleine Siege 52
Näher dran? 55
Großes auf kleiner Bühne 59
Freundschaften 62
Konfrontation 69
Vergänglichkeit 73
Begegnung mit Gefühl 77
Erschütterung und Alltag 82
Sommergold 88
Vom Feuer lebendiger Bilder 91
Nüsse sammeln 95
Zagen 99
Am Zaun 104
Das Seelenschiff 107

Traumzeit 111
Warum ich schreibe. 117
Frühling 121

Vorwort

Am Zaun meint am Rande der Welten, das Schauen auf Sphären dahinter, auf private Lebenswege hinter fachlichem Engagement, auf Intuitionen und Träume hinter konzeptionellen Betrachtungen, auf Sinnfragen hinter beruflichem Tun.

Manches Erlebnis am Rande, freudige und leidvolle Erfahrungen, mancher Dialog mit Weggefährten haben mich immer wieder berührt, aufgerüttelt und zum Sinnieren gebracht. Durch Schreiben konnte ich vieles verorten, in Form bringen und in mein Leben integrieren. Dabei halfen mir Leser, Menschen, in denen Resonanzen entstanden, die mir meist in persönlichen Begegnungen mitteilten, wie sie aus meinen Texten Gewinn ziehen konnten.

In diesem Büchlein sind nun einige der eher privaten Essays wiedergegeben, solche, mit denen ich weniger Ansichten verbreite und mehr am persönlichen Erleben und Verarbeiten Anteil gebe. Sie sind begleitet von eigenen Fotos. Seit Jahren hilft mir mein

„Knipsen aus poetischer Perspektive" Blickwinkel zu finden und Erinnerungen zu bewahren, die mir sonst verloren gegangen wären.

Kleine Besinnungspausen mitten im Alltag, kurzes Schweifen der Blicke über ihre Zäune. Dies ist allen Lesern zu wünschen.

Ich danke
Jan Zierock, der seit Jahren meinen Blog sorgfältig betreut,
Laura Sobez, die sich engagiert der kleinen Reihe angenommen hat,
Jutta Werbelow, die bei der Auswahl wesentlich mitgeholfen hat,
und allen, die berührende Momente im Leben mit mir geteilt haben.

Insbesondere danke ich meiner Frau Irene, die nun seit fast einem halben Jahrhundert Freud und Leid mit mir teilt.

Wiesloch, den 10. Oktober 2016

Höhere Weisheit

Mai 2003

In den 1980er Jahren waren wir angetan davon, im I Ging und in den durch Münzwurf gewählten Orakelsprüchen sinnreiche Aussagen zu finden. Aufgrund von 6 Würfen mit je drei Münzen konnte ein Orakelsymbol aus 6 übereinander angeordneten Yin- oder Yang-Zeichen definiert werden. Ich hatte mir angewöhnt, die Zeichen von oben nach unten aufzuschreiben. Bei einer dieser Orakelsitzungen während einer Seminarpause unterbrach mich eine Mitleiterin und meinte, dass man von unten nach oben aufschreiben müsse. Das ging eine Weile hin und her, bis wir uns einigen konnten, es diesmal nach meinen Gewohnheiten zu machen. Das Zeichen, das entstand, war zur Erhellung unseres Gemüts dann von oben nach unten genau gleich zu lesen wie von unten nach oben.

Geburtsanzeige

Dezember 2010

Ich gebe die Geburt einer weiteren Identität bekannt. Ich bin ein Essayist.

Ein Essay, das ist „ein Versuch über...", ein Text, der sich aus einer Anfangsidee entfaltet, ohne vorherigen Plan, ganz auf die Fügung des Augenblicks angewiesen. Im Mittelpunkt steht die persönliche Auseinandersetzung des Autors mit seinem jeweiligen Thema.

Bei der Frage, was ich bin, kam ich schon so oft ins Stottern. Was sollte ich bloß in den Meldezettel des Hotels schreiben? Psychotherapeut, Supervisor, Lehrtherapeut? Organisationsberater/Coach? Erwachsenenbildner? Oder Institutsleiter/Unternehmer? Aber das musste ich wieder jedem erklären. Ich bin ja nicht Leiter eines Massageinstituts oder Wurstfabrikant.

Geschrieben habe ich mein ganzes Erwachsenenleben. Mein erstes Arbeits-Buch erschien vor 40 Jahren im Heidelberger Springer-Verlag. Ich war damals im fünften Semester. Meist schrieb ich Fachliches, insofern war Schreiben in die jeweiligen beruflichen Identitäten eingegliedert. Mir, einem miserablen Deutschschüler, der auch wegen einer (damals nie so erkannten) Legasthenie nie viel las, wären literarische Ambitionen eh nicht in den Sinn gekommen. Anfang der 1980er erlebte ich eine Art Sprach-Eruption, die Wellen von Gedicht-Entwürfen auslöste. Danach beruhigte sich alles wieder, es ist bei Entwürfen geblieben. Nur abends am Bett mit den Kleinen, bei Reden zu Festen und in geleiteten Phantasien waren Einfallsreichtum und Poesie gefragt. Und doch ahnte ich irgendwo, dass Schreiben für mich sein könnte, was für andere Malen, Meditieren, Bildhauen, Tanzen oder Musizieren ist.

Stilistisch war da noch viel zu tun. Nicht nur, dass ich z. T. harsche Kritik ertragen musste („abstoßend aufgeblähter Stil"), auch Wohlwollende erklärten immer wieder, dass meine Texte erst erträglich wurden, wenn man mich persönlich erlebt hatte. Es gab auch Ermutigung und die Befriedigung, etwas, was aus mir drängte, herausgebracht zu haben. Also nur nicht aufgegeben!

Mein erster bewusst literarischer Versuch: „Marathon – eine Erzählung". Das Ringen damit, wie man das, was gesagt sein soll, nicht platt als Oberfläche formuliert, sondern zwischen den Worten aufscheinen lässt.

Gerade kleine Sachen wie Kolumnen oder Kurzinterview-Bearbeitungen schienen mir mehr und mehr zu liegen. Menschen um mich herum spiegelten mir, dass ich am überzeugendsten sei, wenn ich zwischen Tür und Angel oder bei Tisch etwas gefragt werde. „Was fällt Dir ein zu...?" Erste Reaktion: Nichts! Dann fange ich aber doch an, und wir sind oft erstaunt, welche Welt sich entfaltet.

In den letzten Jahren immer öfter kurze Erzählungen, Kontemplationen über ein Thema. Die kleine Form begann Programm zu werden. Und als mir dann meine persönliche Website eingerichtet wurde, fing ich an, regelmäßig Blogs zu schreiben. Nicht unbedingt Antworten suchen, sondern ein Thema umrunden, von mir erzählen, Perspektiven entfalten und Weiteres offen lassen.

So hat sich das alles entwickelt und jetzt zu einer weiteren Facette meiner Identität gefügt. Eigentlich ein Lebensstil. „Ein Versuch über..."

Abschied

November 2008

Nun ist unser Sohn Peter 7 Jahre tot. Am 23. November 2001 haben wir Ihn tot in unserem Garten aufgefunden. Er war 17 Jahre alt.

Wir haben gelernt, damit zu leben. Darüber hinweg kommen, wie es oft heißt, wollen wir gar nicht. Noch immer bluten unsere Herzen, wenn wir spüren, wie sehr er uns fehlt.

Erst letzte Woche geschah das unerwartet in einem Vortrag. Ich sprach gerade davon, dass der Mensch Sinn braucht, dann kann er auch Schweres tragen. Da brandete eine Schmerzwelle an und erstickte für einen Moment meine Stimme. Ich ließ die Zuhörer Anteil nehmen und fuhr dann in meinem Vortrag fort. Niemand störte sich daran, im Gegenteil.

Die Wellen des Schmerzes werden seltener und milder. Waren in den ersten Jahren immer dunkle Wolken an unserem Himmel, so ist er jetzt meist wieder frei. Peter bleibt Teil unseres Lebens. Da ist wohl doch was dran, am Leben in 7-Jahres Phasen.

Die Lebensfreude kehrt zurück. Manchmal, wenn wir an Peter denken, schmunzeln wir auch nur. Da ist die Erinnerung an sein frisches, lebenszugewandtes Wesen, an seinen Sinn für Humor.

Einige Zeit nach Peters Tod sahen wir in einer Galerie das Bild einer Künstlerin aus der Region: Elsa Hagelskamp. Sie erzählte, wie es zu diesem Motiv kam. Es war eigentlich ein abstraktes Gemälde, das da unter ihren Händen entstand. Erst als es fast fertig war, sah sie plötzlich darin den Jungen und malte, was sie sah. Und so heißt das Bild jetzt auch: „Der Junge".

Weil es durch Fügung entstanden war, sollte es eigentlich unverkäuflich sein. Als sie jedoch von unserem Peter hörte, war sie bereit, sich von dem Bild zu trennen. Seither hängt es bei uns. Sie hat „den Jungen" aber als Bild auf ihrer Website belassen. So ist es ihr Bild geblieben und es ist unser Bild geworden, ihr Junge und unser Junge. Aus einer anderen Welt aufgetaucht hat er in ihr Bild gefunden. Ist es die Welt, in die Peter entschlüpft ist?

Hoffen

Dezember 2011

Sind Sie eher zuversichtlich? „Sehr, sehr!", sagte der Kulturwissenschaftler George Steiner in einem Radiointerview. Und: „Jeden Tag fast kommen die Wunder. Vor zwei Wochen wurde z.B. die Genetik der Malaria entschlüsselt. Bald wird man Millionen Menschen heilen können."

Dann erzählte er davon, dass Völker oft nach Jahrzehnten der Kulturdürre plötzlich neue Musiker, Wissenschaftler, Politiker und Ökonomen von Format hervorbringen, ohne dass man dies aus dem bisherigen Verlauf der Geschichte hätte erwarten können: Wir verstehen sehr wenig vom Zauber des Neuerwachens.

„Che c'è sempre la esperanza!" sagte Toni, unser italienischer Gärtner, als wir über die Krankheit unseres Sohnes Peter sprachen. Die Hoffnung stirbt zuletzt!
    Unser Sohn ist nun seit 10 Jahren tot. Also Fehlanzeige in Sachen Hoffnung?

Manfred Spitzer betont, dass Lebensbelastungen dann zum Problem werden, wenn man nicht mehr weiß wofür leben. Ich habe heute wieder klar, was es in den nächsten Jahren für mich sein kann. Das gibt mir Gesundheit und Kraft für meine Vorhaben und für mehr Begegnung. Auch dann, wenn mein Arbeitsplan nicht ohne ist, bin ich in Begegnungen meist entspannt und zugewandt. Dies hat damit zu tun, dass ich vor einigen Jahren bemerkte, dass ich zwar zu Begegnungen einlud, dann aber nicht wirklich so anwesend war, dass aus Begegnungszeit erfüllte Zeit für alle Beteiligten wurde. Deshalb hatte ich mir bewusst vorgenommen, Begegnungszeit zu begrenzen, mich auf diese dann aber wirklich einzustellen und seelisch anwesend zu sein. Daneben sorge ich für Rückzug, den ich als auch introvertierter Mensch brauche. Beides tut meiner Seele und meinen Beziehungen gut.

Zugewandtheit geht bei mir aber auch damit einher, dass ich von anderen erwarte, dass auch sie mit kostbarer Zeit verantwortlich umgehen, und ich prüfe, ob ich mich einlasse. Es tut mir leid, wenn ich in der Bereitschaft zu Verabredungen als eher begrenzend erlebt werde. Ich bin lieber dann in der Begegnung großmütig. Besser als umgekehrt, oder? Erstaunlich ist übrigens, wie dadurch mehr Dichte in kurzer Zeit möglich ist. Sinn hat mehr mit gemeinsamer Ausrichtung, Rahmensetzung und seelischer Verbindlichkeit zu tun. Dann gehen wesentliche Dinge auch mal schnell ohne Schnelllebigkeit.

Ich bin jetzt 65 und noch gut im Saft, aber es kommen die letzten Runden. Was gibt es da zu hoffen? „Hoffnung ist nicht die Überzeugung, dass etwas gut ausgeht, sondern die

Gewissheit, dass etwas Sinn macht." Hab ich mal wo aufgelesen. Zuversicht ist vielleicht mehr eine Lebensart. Ich will mich in ihr üben. Und Apfelbäumchen pflanzen…

Outing

Februar 2009

„Jeder Mensch
mit besonderen Talenten
hat auch Seiten,
die man als abnormal betrachten kann."

(Bernd Schmid)

Bezahlen im Restaurant. *Ja! Sofort! Aber wer hat uns eigentlich die ganze Zeit bedient? War es die? Oder die dort? Na die! Wie kann man das nicht mehr wissen? Du hast Dich doch sogar mit ihr unterhalten!*

So spricht jemand, der sich nicht vorstellen kann, wie sehr unsereiner behindert ist.

Deshalb nimmt es mir der Kollege natürlich übel, wenn ich ihn auf der Straße nicht erkenne, wo er doch erst vorletzte Woche bei mir im Seminar war: *3 Tage in einem Raum und wir haben über sehr Persönliches gesprochen!*
Warum will der mich nicht kennen? Ist der überheblich? Oder hat er was gegen mich?
Beides nicht! Mein Gehirn gibt nur keine Meldung, wer Du bist, ja nicht einmal, dass ich Dich kenne, höchstens eine dumpfe Ahnung. Könnte aber auch eine Ähnlichkeit mit jemandem sein, den ich von irgendwo her kenne.

Oder ein Treffen in der Szene: Ich habe versäumt, mir im Voraus zu vergegenwärtigen, wer von den Bekannten, ja alten Weggefährten, dort wohl anzutreffen sein wird:
Wie hießen nochmal die Kinder von jenem Kollegen? Wie viele waren es überhaupt? Und was machen die heute? Hatten wir nicht letztes Mal darüber gesprochen? Wie alt könnten die sein? Stimmt! Wir waren

ja sogar mal zusammen in Urlaub. Aber wann war das?

Nun allgemeines Hallo! Da treffe ich vertraute Menschen, deren Namen mir selbstverständlich einfallen. Auch andere kenne ich ganz gut, doch wohin stecken und woher den Namen nehmen? Mein innerer Archivar macht sich auf, um in den Tiefen meines Gedächtnisses zu kramen.
Warum braucht der Kerl so endlos? Und dann kommt er wieder ohne Namen und nur mit einer vagen Idee, wer das sein könnte.

Das kann ich nicht riskieren und ziehe mich mit einem undeutlichen Gemurmel aus der Affäre. Dennoch entgeht mir der leicht irritierte Blick meines Gegenübers nicht.
Da duzen mich Leute, umarmen mich sogar. Gerne doch! Doch wie komme ich dazu? Heiner! Ja, so hieß der Kollege von vorher. Wo ist der jetzt? Ich will ihn gerne mit Namen ansprechen. Welcher war es jetzt nochmal?

Eine Freundin erzählte von einem alten Herren, der bei einem Empfang mit einem Schild auf der Brust zu sehen war: *Bitte stellen Sie sich vor. Ich bin ein Vergesslicher!* Tja, bin ich auch, aber doch noch nicht so alt! Außerdem war das bei mir schon immer so. Für viele Bühnen und Funktionen war ich deshalb nicht geeignet. Man behilft sich, aber es ist doch ein echtes Handicap. Das gelegentliche Ausmaß dieser Minderfunktion kann sich kaum jemand vorstellen, der meine sonstigen Talente kennt. Und der mich erlebt, wenn ich in Hochform bin.

Denn seltsamerweise gibt es erstaunliche Ausnahmesituationen. Da bin ich fit, überrasche Menschen damit, was ich noch von Ihnen weiß.

Also, geht doch! Gib Dir einfach ein bisschen Mühe! Ein bisschen Gedächtnistraining zum Beispiel! Mir hilft immer...

Ehrlich gesagt, Ich will mich da gar nicht mehr ins Zeug legen. Habe es ja trotzdem zu was gebracht. Ich wollte nur mal „bekennen", dass es bei mir eben so ist, damit niemand was in den falschen Hals bekommt.
Also nichts für ungut! Nehmt es nicht persönlich! Und helft mir ein bisschen!

Tutti Frutti

Juli 2015

„Jeder Mensch
erfindet sich früher oder später
eine Geschichte,
die er für sein Leben hält, oder eine ganze
Reihe von Geschichten."

(Max Frisch, Mein Name sei Gantenbein)

Am 8. Juli 1965 hatte es eine Jugendband der Kleinstadt-Spitzenklasse ins Vorabendprogramm des ebenfalls noch jungen ZDF geschafft.

Mein Gott, waren wir jung!

Ich hatte die Ehre, zum Band-Leader dieser bemerkenswerten Formation gewählt zu sein. Warum? Wir hatten unter meinem Elternhaus einen Luftschutzbunker, in dem wir ungestört üben konnten. Ich nahm mir als einziger Schüler dieser Band die Nachmittagsstunden, um aus Tonbandaufnahmen Texte und Griffe herauszuhören und so die Proben vorzubereiten. Songbooks oder Notenkenntnisse? Fehlanzeige. Ich schmierte rechtzeitig ein paar Butterbrote, weil unser Rhythmusgitarrist fürchterlicher Laune sein konnte, wenn er hungrig von der Arbeit zur Probe kam. Ich nahm mir die Zeit, mit meinem Moped die umliegenden Orte abzuklappern, um unsere Werbeplakate aufzuhängen. Ich war am wenigsten aufbrausend, wenn mal wieder Zoff in der Bude war und auch spätnachts noch hinreichend nüchtern. Sonst wäre mancher der Auftritte in Kneipen oder Sporthallen aus dem Ruder gelaufen.

Ich machte viele prägende und meine späteren Berufsrollen bahnende Erfahrungen.

Tacid Knowledge nennt man das implizite Wissen, das ohne Plan einfach durch Tun im Leben entsteht, bei mir ein prägender Teil meines Lernens.

So marschierte ich z.B. als 10jähriger ins Büro meines Vaters, dem technischen Leiter der örtlichen Kleinmöbelfabrik. Er hatte sich aus schwäbischem Kleinhandwerker-Milieu zu dieser Lebensstellung emporgearbeitet. Der Eigentümer und betriebswirtschaftliche Leiter war zum einzig mir bekannten Freund meines Vaters geworden. Meinem Verlangen, dort in den Ferien Geld verdienen zu dürfen, wurde stattgegeben. Stundenlohn 1 DM. Ich war's zufrieden. Ich weiß nicht, ob das damals überhaupt erlaubt war, aber soviel Eifer wollte niemand bremsen. Ich machte viele neue Erfahrungen, auch bekam ich zu schmecken, wie zäh die Zeit bei eintöniger Arbeit fließen kann und der Feierabend partout nicht kommen will.

Ab 14 arbeitete ich dann regelmäßig bei einem Installateur in der Nachbarschaft. Stundenlang Schlitze klopfen, Gewinde auf Eisenzinkrohre schneiden und Misch-Batterien zusammenschrauben. Ich lernte, Dachrinnenanschlüsse mit heißer, stinkender Schwefelmasse abzudichten und manche Gemeinheiten einiger Gesellen zu ertragen. Ich glaube, ich war auch ein recht eigenbrötlerischer *Ich-Es-Typ*, so dass ich solche Arbeitsrahmen brauchte, um mich ans Leben anzuschließen.

Das gilt wohl auch für mein Engagement im örtlichen Reitverein. Viele der Erfahrungen dort haben mich Dinge gelehrt, deren Bedeutung ich erst rückwirkend erkenne. Ich lernte über Führung (von Pferden) und Pflege von Gemeinwesen (Stall- und Jugendwart). Auch der Arbeitsdienst beim Bau einer neuen Reithalle vertiefte meine Haltung, mit anderen Hand in Hand zuverlässig zu arbeiten. Ich hätte das Geld für Ablöse, mit dem andere „für sich arbeiten lassen" konnten, eh nicht gehabt. So lernte ich nebenbei über Milieus und Kulturwandel. Im „Reiterstüble" hatten noch alle an einem Tisch gesessen. Im neuen „Casino" saßen dann die „besseren Leute" an anderen Tischen. Ich trat empört aus dem Verein aus. Die Beat-Band-Zeit folgte...

Auch im Gymnasium lernte ich Wesentliches eher auf Nebenbühnen: Der Schulchor bescherte mir musikalische Erfahrung, ebenso das Orchester. Mangels Instrumentenkenntnis durfte ich die große Trommel bedienen, traf aber den mir zugedachten abschließenden Trommelschlag meist nicht genau zur rechten Zeit. Jedes Mal ging ein Stöhnen durchs Orchester. Schließlich mahnte der Leiter alle: *Macht das bloß nicht beim Konzert. Wenn er wieder nicht trifft, dann macht „Aaah!", als wäre diese Zeitversetzung besonders gelungen.* Ich weiß nicht mehr, ob ich im Konzert getroffen habe. Die Haltung einem möglichen „Fehlschlag" gegenüber hat mich mehr beeindruckt. Auch die Jahre in der Schultheater-AG haben mich gebildet und mir positive Resonanz beschert. Höhepunkt: Der Kommis Weinberl, in Nestroys „Einen Jux will er sich machen". Ich habe viel über Theater gelernt, was heute noch wirkt. Die Theatermetapher ist zu einem der beliebtesten Konzepte am isb geworden.

*So viele Geschichten aus meinem Leben, oder die ich für mein Leben halte...*Tutti Frutti.

Sehnsuchtsziele

November 2010

Wer nicht weiß
wohin er will,
braucht sich nicht zu wundern,
wenn er
woanders ankommt

(Buchtitel aus den 70er Jahren)

Ich gehöre eher zu den Menschen, denen Sehnsucht abgeht. Ich weiß nicht warum.

Hab ich mir das als Kind aus Frustration schon frühzeitig abgeschminkt?

Nun, Sehnsucht wäre in unserer Familie eher wie eine Krankheit behandelt worden, als Verlust realistischer Erwartungen ans Leben. Obwohl! Da gibt es eine Erinnerung: Meine Mutter hebt mitten im Zuschneiden eines Entwurfes (sie war Schneiderin) den Kopf, wendet sich an mich, schaut aber auch durch mich hindurch in eine Ferne und sagt sehnsuchtsvoll: „Irgendwo ganz für Menschen da sein, die einen wirklich brauchen... bei Albert Schweitzer zum Beispiel..."

Als intuitiver Denker habe ich meine Nase immer am Horizont gehabt, aber nicht mit Sehnsucht, eher mit Begeisterung, was möglich sein müsste, auch mit Empörung, dass immer noch der alte Mist gemacht wird. Andere sich „in Sehnsucht verzehren" zu sehen, war mir irgendwie unbehaglich, ich habe mich stellvertretend für diese „Entäußerung" geschämt. Und ich habe immer die zu erwartende Enttäuschung lauern sehen. An der Stelle fällt mir jetzt auch ein Witz meiner

Mutter ein: Fritz, einem richtige Gassenjungen, wird überraschend in Aussicht gestellt, dass ihn ein Onkel zu einer Veranstaltung mitnehmen würde. Das hatte er sich heimlich ersehnt, aber nicht mal wirklich zu denken gewagt. Fritz, mit dem es immer Zoff um Hygiene gibt, wäscht sich gründlich den Hals. Und dann zerschlägt sich das Ganze, und der Bruder spottet: „Jetzt stehst Du da mit Deinem gewaschenen Hals!"

Auch professionell war mir Erreichbarkeit von etwas Gewünschtem wichtig. Ich habe eher den Missbrauch mit Sehnsucht gesehen, mit Bedrängnis oder Ausbeutung durch die Vorgabe (zu) hoher Ziele ohne realistische Wege dorthin. Auf der anderen Seite waren mir berechnende Zielvorgaben im Bereich menschlicher Entwicklung auch suspekt: Was genau soll bis wann in meinem Leben geleistet sein? So mechanistisch ging es dann auch nicht. Lange war mein Kompromiss: Ziele nicht als Punkte auf einem schmalen Zielkorridor in die Zukunft definieren, sondern als Richtung, die man als intuitiv richtig ausmacht. Dann kann man sich auch Strömungen überlassen, die irgendwie dorthin führen, aber auch den Kurs korrigieren um die Richtung beizubehalten.

Wenn man zu zielstrebig ist, kann man eben gerade dadurch fehlgehen. Ob man als Blatt im Wind richtig liegen wird, ist aber auch fraglich. Sehnsuchtsziele sind wichtig. Sie sind nicht in erster Linie dazu da, um erreicht zu werden, sondern um zu aktivieren. „I have a dream!" Wer das sagen kann, ist gesegnet, obwohl er vielleicht erleiden muss, dass sich dieser Traum nie erfüllt. Aber er dient als Stern auf dem Weg, und gibt auch nachts die Richtung an. Allerdings muss jeder lernen, dass er diesem Stern vielleicht nicht wirklich näher kommt und dass schon viel gewonnen ist, wenn er nicht verblasst und immer wieder zwischen den Wolken auftaucht. Dann kann man der besten Lösung huldigen, sich optimal ausrichten und währenddessen mit „zweitbesten" Lösungen leben und diese wertschätzen.

Laster und Talente

September 2010

„Wir sind immer die Ruine von gestern
und die Baustelle für morgen;
nie das fertige Haus!"

(aufgelesen in den 1980er Jahren)

Jedes Talent wird zum Laster, wenn es nicht entwickelt ist oder zu dominant wird. Ob man die Laster, zu denen man neigt, ausmerzen soll, ist fraglich. Eher veredeln und richtig platzieren, denn es steckt vermutlich ein Talent darin. „Aus Neurosen Charakter machen!" ist schon immer mein Wahlspruch gewesen.

Ich kam aus einer wenig sensiblen Familie, in der sich nie jemand für mein Innenleben oder gar Psychologie interessiert hätte. Ich war also auch nicht erzogen, mit anderen mitzufühlen, nach dem Erleben und der Weltsicht anderer zu fragen, ja mich auch nur dafür zu interessieren. Nomen est omen: Schmid - der homo faber, der Werkzeugmacher. Ich wollte Probleme lösen, hatte auch schnell Lösungsideen und entwickelte gerne mentale Werkzeuge, Konzepte und Methoden aller Art. Dass diese nicht immer auf Gegenliebe stießen und ich nicht die erwartete Anerkennung erhielt, war eine frustrierende Tatsache, die zu verstehen mich mehr interessiert hätte, wenn ich nicht die damit bei mir aktivierten Minderwertigkeitsgefühle durch allerlei Rationalisierungen oder schlichtes Verdrängen hätte in Schach halten müssen.

In den frühen 1970er Jahren kam ich mit Gruppendynamik und Psychotherapie in Kontakt. Vielleicht als Kontrast zu meiner

Herkunft und auf der Suche nach Ergänzung für meine holprigen Eigenarten, war ich fasziniert und machte alle Moden psychologischer Ansätze mit. Diese waren in der Heidelberger Szene besonders bunt. Mit diesen Psycho-Moden kamen eben auch manche alternativ-dogmatischen Vorstellungen vom Menschen auf, die jedem übergestülpt werden sollten. Um mich von herrschenden Meinungen nicht vereinnahmen zu lassen, konnte ich die Dickfelligkeit, die ich auf meinen Weg mitbekommen hatte, gut gebrauchen. Dennoch belastete mich mancher zuerst freundliche, dann massiver werdende Versuch, mich in Kontakt mit intensiven Gefühlen und frühen Entbehrungen zwecks Störungsbeseitigung in Kontakt zu bringen.

Erlösung brachten mir dann eher positive Würdigungen, wie ich sie bei TA-Lehrern erfahren durfte. Bob Goulding, Fanita English, Jacqui Schiff, Mike Brown und Ruth McClendon fallen mir als Beispiele ein. Statt „Erst wenn…" galt: „First you are OK! Then you can develop!"

Dass meine oft noch ungehobelten Eigenarten ein Kapital waren, auf das ich nicht verzichten wollte, wurde mir bei einem Workshop mit Joe Cassius über Body Reading klar. In Badehosen stellten wir uns alle in einer Turnhalle auf. Ich hörte Joe über jemanden sagen: „This guy got from his mother everything he needed!" So einen Glückspilz wollte ich schon immer mal sehen! Da stand ein junger Mann, an dem nichts schief war. Doch mehr auch nicht. Mir wurde klar, dass Charakter von etwas anderem kommt.

Ich konnte eher Abstand halten als mich involvieren, eher meine inneren Reaktionen identifizieren und analysieren als sie intensiv spüren und ausleben. Ich war eher für gedankliche und methodische Entwicklungen als für Ergriffenheit zu haben. All das wollte ich künftig als wertvolle Eigenarten betrachten und das Beste, insbesondere aber mein Eigenes daraus machen. Natürlich blieben Sphären, die sich mir nicht leicht erschlossen, doch musste ich mich deshalb nicht schlecht fühlen. Ich durfte von meinen Eigenarten ausgehen und mich auf eine Postkarte berufen, die ich in diesen Tagen in England gefunden hatte. „Be patient! God isn't finished with me yet!"

Das alles half, dass ich lernen konnte und wollte, wo meine Eigenarten noch verfeinert werden mussten, wo ich mit meinen Stärken richtig lag und wo ich mich eher tastend bewegen sollte. Wenn ich mit meinem spontanen Repertoire nicht gut zurechtkam, musste ich mich weniger in meiner Eigenart oder meinem Wert in Frage stellen, sondern durfte anderes probieren und Bewertungen offen lassen.

Über die Jahre ergänzte ich meine Weise, mich auf andere zu beziehen, oft zunächst aus Einsicht und nicht aus innerer Neigung. Doch es wirkte, reicherte mein Repertoire und die Qualität meiner Beziehungen an. Nach und nach wirkten Können und Erfahrung auch nach innen, und ich konnte mehr und mehr Mitgefühl und Interesse fühlen. Entwicklung, auch seelische, ist also auch von außen nach innen möglich. Und für mich war es der richtige Weg. „ I am still myself, but on a higher level!"

Zufall

September 2009

Seminar an der Uni Zürich, lange verabredet mit Teilnehmern, die mich nicht kannten, Abschlussbaustein eines Coaching Curriculums. Thema: Metaphorisches Arbeiten. Letztes Seminar. Letzter Tag als Verantwortlicher in Lehrgängen. Ich bot eine Interview-Demonstration an zu meinem Konzept der inneren Bilder als Hintergrund für professionelle Entwicklungen. Sofort meldete sich der

Inhaber eines Beratungsunternehmens, der, obwohl zufrieden mit seinem Unternehmenserfolg, sich irgendwie zunehmend in einer Sinnkrise erlebte.

Ich fragte ihn entsprechend unserem Design zu den Hintergrundbildern: *Was wolltest Du als Kind werden?* Seine Antwort: *Schon immer Zirkusdirektor, nichts anderes!* Hoppla! dachte ich und fragte weiter: *Angenommen, es gäbe einen biographischen Film über Dein gesamtes Leben als Zirkusdirektor und wir betrachteten das Szenenfoto dazu im Schaukasten: Was würden wir sehen?* Er: *Blick auf das gesamte Zirkuszelt von innen Richtung Manege Eingang. Es ist Finale. Die Kapelle spielt groß auf. Der Direktor steht links eher am Rande und schaut stolz auf die Artisten, Elefanten, Clowns und alle anderen, die einmarschiert waren. Großer Applaus, Ende der Show!*

Ich lächelte und fragte vorsichtig, ob er wüsste, dass der Zirkusdirektor für mich eine wichtige persönlich-archetypische Figur war? Er wusste es nicht. Zufall?

Ich hatte in den Jahren viele solcher Interviews geführt, doch noch nie war ein Zirkusdirektor vorgekommen. Und dann am letzten Tag diese Szene! Ich habe es als Geschenk von diesem Menschen genommen, aus einer anderen Welt, aus der wir so viel Sinn schöpfen dürfen. Als Abschiedsgeschenk für mich, den Zirkusdirektor.

Gelassenheit

April 2008

Mir ist schon länger beim Sport aufgefallen, wie sehr Gelassenheit Konzentration und Spieldynamik fördert und wie Lässigkeit sie zersetzt. Bei großen Tennisspielen versuchen die angehenden Sieger, voll konzentriert zu bleiben, bis der Matchball durch ist. Dann haut es sie allerdings gelegentlich vor Entladung von den Füßen. Das Gegenteil wurde mir dieser Tage von einem Fußballspiel berichtet. Eine deutsche gegen eine spanische Mannschaft. In der Hauptspielzeit holten die Deutschen in der letzten Spielminute ihren 0:1 Rückstand auf. In der Verlängerung gingen die Spanier gleich wieder mit 3:1 in Führung, um kurz vor Schluss schon in Triumpfgesten zu entspannen. In der letzten Minute schafften daher die Deutschen den Ausgleich.

Frühreifer Triumph und Überheblichkeit scheinen Gift für das Funktionieren des Gehirns zu sein - gerade wenn man aus einer konzentrierten und flüssigen Leistungsdynamik herauskommt. Unharmonische Verlangsamung scheint ebenso wie unharmonische Beschleunigung Fehlfunktionen hervorzurufen. Wenn ich meinen Tennispartner nicht durch Platzierung ausspielen kann, setze ich auf diese Karte und beschleunige, möglichst so, dass er es nicht an meinem Bewegungsmuster erkennen kann. Noch besser wirkt Verlangsamung. Da fällt ihm die Neurhythmisierung seiner Abläufe noch schwerer. Solange, bis wir darüber mehr wissen, denken wir in Haltungen. Lässigkeit ist manchmal Spiegel einer Anspannung, für die wir keine gute Antwort finden. Oder eben eine Entspannung, die nicht zur rechten Zeit kommt und vielleicht etwas mit verfrühtem oder falschem Triumph zu tun hat. Gelassenheit ist anders: Sie hat eher mit Unaufgeregtheit und Konzentration zu tun, mit Aufmerksamkeit und stiller Genugtuung. Sie scheint sich gut mit weiterem Funktionieren, Präsenz und Würdigung zu vertragen.

Surreales Kaleidoskop

Dezember 2009

Seit Tagen schon gönne ich mir, frei von festen Terminen zu sein, Raum zu haben für Gedanken und Empfindungen, für Begegnungen der anderen Art. Bilder ziehen vorbei wie die Wolken vor meinem Fenster. Meine Blicke folgen der Elster in der alten Birke. Vielleicht sollte nach unserer Katze ein Rabe mein Haustier sein. Eine skurrile Idee, aber sie bereitet mir Vergnügen.

„Gegen jede Vernunft" heißt eine Surrealismus-Ausstellung, die wir dieser Tage besucht haben. Nun, „gegen" kann wohl kaum Gegnerschaft zu Vernunft heißen. Doch Vernunft braucht ein „Gegenstück", zumal Banalitäten und Schablonen des „Vernünftelns" gerne als Realismus daher kommen. Da tut Surreales als Auflockerung gut.

Träume sind oft solche surrealen Inszenierungen, auch Tagträume und Phantasien. Wie in einer Kollage werden Dinge zusammengefügt, die real nicht in eine Welt passen. Nicht die Herkunft der Gestaltungselemente entscheidet, sondern wie sie zusammengefügt sind - frei über Zeit und Raum. Bei Tag betrachtet schüttelt dann der Realist in uns verwundert den Kopf. Doch es ist unser Traum, alles darin ist auch in uns. Also sind wir selbst auch Surrealisten, manchmal ganz erstaunlich in Komposition und künstlerischem Ausdruck. Ich erinnere einen eigenen Traum von vor vielen Jahren. Ich löste mich gerade von übermäßiger Technikorientierung im Training.

Da ist im Garten hinter meinem Elternhaus wieder dieser Bunker. Dort liegt eine bewusstlose junge Frau wie in Frankensteins Labor, voll verdrahtet und durch Apparate gesteuert. Schrilles Piepen. Ich bin auch da und mache mich voller Angst mit den Worten „I fear I skill!" an der Apparatur zu schaffen. Das System reagiert chaotisch, nicht mehr beherrschbar! In meiner Angst reiße ich mit bloßen Händen alles Technische weg. Nach einem endlos erscheinenden Moment holt die junge Frau tief Luft. Ihren warmen Atem spüre ich noch heute an meiner Wange.

Es dauerte Tage, bis ich mich über diesen seltsamen Satz zu wundern begann: „I fear I skill!" Gefühlt war ich davon ausgegangen, es heißt: „I fear I die!" Doch auch: „I kill!" Und dann noch: „skill!"

Woher nehmen wir das? Woher nehmen Menschen so viel Ausdruckskunst, auch wenn sie bei Tag meinen, dass ihnen so was nicht einmal im Traum einfallen würde?
Wird vielleicht ständig am hintergründigen Gesamtkunstwerk Persönlichkeit gearbeitet, ob das unser Ego interessiert oder nicht? Und würden wir nicht hin und wieder gerne mehr davon mitkriegen? Dialog halten, wenn wir Orientierung suchen, Fragen aufwerfen, wenn

sich drastische Bilder aufdrängen, Belebung erfahren, wenn wir austrocknen?

Dieser Tage ist dafür wieder etwas mehr Raum, uns auf die Inszenierungen, die Ausdrucksweisen und Stile unserer inneren surrealen Bühnen einzulassen, vielleicht im Zwiegespräch mit Freunden.

Ich führe schon seit Jahrzehnten ein Traum- und Bildertagebuch. Dort halte ich fest, was mir sonst leicht im Bewusstsein verlorengeht. Manche Bilder lassen heute Blaupausen erkennen, nach denen sich vieles auf meinem Weg inszeniert hat, lassen mich Zusammenhänge verstehen. Vielleicht ist es nicht wirklich wichtig, aber es macht mir Sinn.

Kleine Siege

Juni 2008

Triumph! Ich habe in unserem kleinen Provinzverein „Boulefreunde Wiesloch" meinen Vereinsmeistertitel vom Vorjahr verteidigen können!

Warum bereitet mir so ein kleiner Sieg Freude? Je älter ich werde, umso mehr relativiert sich Gewinnen an sich. Wichtiger ist das Drumherum.

Ich mag die lockere Kameradschaft mit Leuten vor Ort aus allen Schichten und Berufen. Da ist gute Vereinskultur. Es wird wenig Alkohol getrunken, jeder wird einbezogen, respektiert und gestützt, egal wie gut er gerade drauf ist. Ich habe früher lieber Tete (einer gegen eine(n)) gespielt, die Aufmerksamkeit ganz bei mir und den Gegner fest im Auge. Doch spiele ich mehr und mehr gerne in der Mannschaft Triplette (drei gegen drei). Ich bin stolz, wenn ich's für die anderen richten kann und getragen, wenn sie es auch für mich rausreißen.

„Boule ist das Golf des kleinen Mannes!", sage ich immer und reihe mich gerne ein. Boule kann man überall spielen, ohne Pomp und Landschaftsverbrauch. Mit Boule kann jeder problemlos anfangen. Boule ist aber auch ein anspruchsvolles Spiel, voller Varianten und taktischer Raffinessen. Und das Wichtigste: Man kann Boule nicht „beherrschen", wenn man sich nicht selbst findet. Wenn das aber gelingt, und man mit sich und einem eigentlich unberechenbaren Gelände ins Reine kommt, ist das ein tolles Gefühl und eigentlich Unmögliches wird möglich. Boule ist für mich Meditation.

Und Hirntraining. Wie Chorsingen und Tennis. Apropos Tennis: Klar könnte ich beim Tennis nicht gegen jeden anstinken. Doch ich spiele mit meinem Partner nun seit ca. 20 Jahren, und wir werden eigentlich immer besser. Obwohl man jenseits der 60 nicht mehr aus voller Jugendlichkeit schöpfen kann, nehmen Beweglichkeit, Körperbeherrschung und damit Präzision und Spielwitz zu. Die Funktionslust und das flüssige Selbsterleben werden mehr. Ich glaube, dass Beweglichkeit in erster Linie im Hirn und in den psychischen Haltungen zunimmt und damit eben auch die Koordination von Körper und was sonst noch dazu gehört, wie z.B. Überblick und anhaltende lockere Konzentration.

Einer der Vorteile des Älterwerdens ist, dass man sich über solch „kleine" Dinge immer mehr freuen kann. Das ist doch was. Oder?

Näher dran?

März 2009

Nun habe ich mal wieder Fotos ausgewählt. Und dabei ist mir was aufgefallen: Wenn ich vom gleichen Motiv eine Nahaufnahme und eine mit mehr Abstand und Rahmen habe, wähle ich jetzt meist das mit mehr Rahmen. Und oft wähle ich das nicht ganz so scharfe Bild, weil die leichte Unbestimmtheit manchmal deutlicher macht, was mich im Bild anspricht.

Früher, vor der Zeit der kleinen, sofort einsatzbereiten Digitalkameras mit 7fach optischem Zoom, hatte ich eine Spiegelreflexkamera mit Dreifachkonverter und Teleobjektiv. Damit konnte ich nah heran, wenngleich ich zu schleppen und mehr technischen Aufwand hatte.

Das hatte was von meiner Perspektive, die mich als jüngerer Mensch mehr interessierte: etwas technik-verliebt, nah dran, möglichst genau erkennen, um was es sich handelt. Ran ans Leben, das Drumherum weglassen. Und das bleibt ja irgendwie heute immer noch eine wertvolle Perspektive. Jedoch ist mein Interesse stärker geworden, mehr Rahmen zu sehen, mehr die Dinge in ein Verhältnis zu setzen und zu überlegen, welche Bezüge ihnen Ausdruck verleihen. Die Schönheit oder Sinnhaftigkeit der Dinge nicht isoliert herausstellen, sondern in ihrer Umgebung aufscheinen zu lassen.

Früher suchte ich auch als Berater eher schnell etwas „herauszuarbeiten", mich nicht lange mit dem ganzen Lebensgeflecht drum herum zu beschäftigen, sondern etwas Spannendes in leicht dramatisierendes Licht zu setzen, Kontraste deutlich werden zu lassen. Heute möchte ich mehr vom gesamten Lebensgefüge begreifen, ich muss die Einzelheiten nicht so genau erfahren, Kontraste nicht so deutlich hervortreten lassen.

Manches, so scheint mir, kann man aus den Augenwinkeln besser sehen, kann man besser verstehen, wenn man die Konturen nicht so deutlich herausarbeitet, wenn man eher etwas impressionistisch malt, so, dass man Abstand braucht, um die Gestalten zu erkennen.

Ist das nur nachlassende Schärfe oder mehr Blick für die Zusammenhänge und das „Dazwischen"? So genau weiß ich das nicht. Es fiel mir nur so auf.

Großes auf kleiner Bühne

Juli 2008

Ich war auf einer Beerdigung. Mehr aus Verbundenheit mit der Familie und den Menschen hier am Ort. Ein 88jähriger Nachbar, den ich wenig kannte, nur mal so ein paar Worte beim abendlichen Spaziergang. Er wirkte eher unscheinbar, immer freundlich.
Die Trauernden singen schließlich „So nimm denn meine Hände." Das heisere kleine To-

tenglöckchen geleitet ihn hinaus, alles provinziell.
Und doch groß!

Ich erfahre mehr über den Gestorbenen, von seiner Zeit. Stalingrad, Vertreibung und schließlich sein Einwurzeln an diesem Ort, dessen Erde schließlich seinen Leib aufnimmt. Ich erfahre, ja ich spüre durch die anwesenden Menschen, durch ihre Worte und ihr Bewegtsein hindurch mehr, von seiner Aufrichtigkeit, Zuverlässigkeit, seiner Lebensbejahung und Wissbegierde bis zuletzt.
Jeder nimmt Anteil wie er gerade ist. Es geht nicht um Wirkung nach draußen.

Eine Dame aus seinem Musikverein spielt kratzend Geige zum Harmonium. Und überall werden Tränen aufgerührt. Ein älterer Herr würdigt das langjährige Vereinsmitglied, spricht über den Menschen und was sie in ihm verlieren. Spricht über Vergänglichkeit und Dankbarkeit. Alles frei und in wohl gesetzten Worten. Wo könnte man Besseres hören?

Die Pfarrerin, anwesend mit ihrer ganzen Person, unaufdringlich, berührbar, sie spricht wirklich zu den Menschen, zu dem, dessen

Leib dort im schlichten Sarg liegt, sie spricht zu uns allen. Da interessiert kaum, ob man ihren Glauben teilt. Das ist Seelen- und Gemeindedienst.

Jeder hat das schon mal gehört: „Herr lehre uns, dass wir sterben müssen, auf dass wir klug werden!" Die Pfarrerin übersetzt uns „Mensch, zähle Deine Tage, damit das Herz weit werde!"

Freundschaften

Oktober 2012

Freundschaften

Je älter ich werde, desto mehr habe ich das Gefühl, mich für Freundschaften zu eignen und mich an ihnen erfreuen zu können.

Ich habe einige jahrzehntelange Freundschaften, mit Männern und Frauen gleichermaßen. Und ich habe auch das Glück, immer wieder neu Freundschaften zu schließen, eher mit Männern. Dann treffe ich, meist in beruflichen Zusammenhängen, einen Menschen, dessen Denken, dessen Stil, dessen Beziehungsverhalten mich inspirieren, mich Zuneigung empfinden lassen. Und manchmal ist dies auch gegenseitig. Dann befreunden wir uns. Das ist dann nicht unbedingt so wie bei Schiller und Goethe, die Händchen haltend durch Weimar spaziert sein sollen. Aber eine Spur von Verliebtsein ist schon dabei, freundschaftlicher Eros sozusagen.

Wahrscheinlich hilft, dass ich eher bei Menschen verweile, die wenig wertend sind und kaum Neigungen haben, sich andere „zurechtzumachen". Menschen anders haben zu wollen, macht Beziehungen schnell anstrengend, und die meisten, deren Freund ich gerne bin, haben eh Anstrengung genug. Mich erleichtert, wenn meine Freunde mit dem einig sind, was sie geworden sind. Dann wird das Beisammensein weder durch Begehrlichkeiten noch durch Neid oder Ringen um Augenhöhe belastet. Es tut so gut, ganz offen sprechen zu können, ohne dass da etwas aus dem Gleichgewicht gerät und wieder hergestellt werden muss. Mit den Jahren kann ich mich wirklich besser am anderen erfreuen, ohne ihn zu brauchen oder ihn irgendwie in Beschlag nehmen zu wollen. Aus Beziehungen mehr machen zu wollen, als den Beteiligten leicht fällt, mindert meine Freundschaften eher.

Auch wenn wir gelegentlich beruflich zusammenwirken, vermeide ich bewusst, unsere Beziehung auf Bereiche auszudehnen, die zwar vorteilhaft erscheinen, aber uns anstrengen würden, etwa wegen zu unterschiedlicher Geschäftspraktiken. Ich habe etliche Freundschaften ermüden und zerbrechen sehen, weil die Beziehungen überstrapaziert waren. Daraus habe ich gelernt, uns auf Bereiche zu beschränken, in denen die Seelen frei schwingen können und jeder sein darf, wie er ist, ohne dass dies zu Kollisionen führt. Überhaupt erwarte ich nicht mehr so viel von einzelnen Menschen. Sondern ich finde es menschlicher, wenn sich das Wünschenswerte in Freundschaften auf verschiedene verteilt. Und keiner ist immer eine gelungene Version seiner selbst. Von bezaubernd bis erbärmlich ist alles möglich. Und wer wünscht sich nicht, dass Freundschaft beides aushält? Wenn wir uns dann auch mal aus den Augen verlieren oder es zeitweilig nicht so leicht miteinander haben, dann reagiere ich gelassen. Erstmal loslassen und bei Gelegenheit neu ansetzen ist für mich besser als die Freundschaft durch zu häufige „Beziehungsklärungen" zu allergisieren.

Einige Freundschaften sind mir aus der Adoleszenz geblieben. Wobei wir uns nicht unbedingt häufig sehen oder die Beziehung regelmäßig pflegen. Manchmal war jahrelang Pause, auch weil unsere Lebenswege nicht nahe beieinander lagen. Und doch ist es vertraut wie immer, wenn wir uns dann begegnen. Bei manchen dieser Beziehungen bemerke ich allerdings, dass das Freundschaftsgefühl vielleicht mehr nostalgisch geworden ist. Eine Fiktion, die wir konkret in der Gegenwart nicht mehr leben, wohl auch nicht suchen. Wenn man sich nach der ersten Freude ausgetauscht hat, was in der Zwischenzeit geworden ist, stellt man fest, dass man sich mehr nicht zu sagen hat. Wer kennt das nicht von Klassentreffen?

In anderen Beziehungen haben wir uns aneinander abgearbeitet. Nachdem unsere Differenzen und Spannungen beseitigt waren, waren sie zu Ende. Mehr sollte nicht sein. Andere Beziehungen sind darüber hinaus lebendig geblieben. Oder die Beziehung hat, realistisch betrachtet, von vornherein nur zu vergangenen Lebensphasen und -sphären gepasst, etwa verbunden mit Sport oder Kleinkinderzeit. Sie sind nicht zerbrochen, doch konnten wir sie auch nicht lebendig halten. Man muss solche Beziehungen nicht rigoros beenden. Es war ja auch nichts falsch an ihnen. Doch sie versanden, ohne dass jemand was dagegen tut. Immerhin behalten sie einen würdigen Platz in der persönlichen Geschichte. Man kann eh nicht alles in die Zukunft mitnehmen und ich merke, wie wichtig es ist, loszulassen, um Raum für neue Beziehungsarten zu haben. Dennoch ein heikles Thema, besonders, wenn der andere an der Freundschaft festhalten will. Doch nach Ingeborg Bachmann ist „die Wahrheit dem Menschen zumutbar", auch wenn sie schmerzt. Klar, dass wir uns um taktvollen Umgang dabei bemühen.

Und ich bin ja auch immer wieder in der Rolle des Abgewiesenen gewesen. Manches Mal wär ich gerne jemandes Freund geworden, der sich entweder nicht für mich interessierte oder in seinem Leben keinen Platz für mich hatte. Das war schon schmerzlich, doch musste ich es respektieren. Einmal schrieb mir ein solcher Mensch aufrichtig, dass er mich schätzt, doch mit Freundschaften so ausgelastet ist, dass er keine neuen eingehen mag. Ist ja auch realistisch, dass man nicht zu viele mögliche Freundschaften wirklich leben kann. Auch die Kraft zur Freundschaft hat ihr Maß. Manchem bleibt da am Ende weniger, weil er mehr wollte. Gut finde ich, dass es mich zwar schmerzte, aber nicht kränkte. Er hat mich seiner Aufrichtigkeit für würdig befunden. Ich denke gerne an ihn.

Freunde dürfen sich auch was zumuten, wenn es von Achtung für einander getragen ist. Vor kurzem machte ich mir Sorgen um einen guten alten Freund wegen seines Umgangs mit seiner Vitalität. Spontan ist mir der Anfang eines Nachrufs für ihn eingefallen. Diesen „Zwischen-Nachruf" habe ich ihm geschickt und wir sind darüber neu ins Gespräch gekommen. Warum sollten nur *Tom Sawyer* und *Huckleberry Finn* bei lebendigem Leibe in den Genuss von Grabreden kommen?!

Konfrontation

Februar 2014

Wund gerieben hatte ich mich im Laufe der Zeit - in der Beziehung zu einer Freundin. Ich mag sie, und wir sind seit Jahrzehnten privat und beruflich verbunden. Dennoch gab es da so ein paar Eigenheiten, an denen ich mich von Jahr zu Jahr mehr gestört habe. Schließlich legte sich meine Genervtheit wie Mehltau auf die Beziehung. Ich fühlte mich in der Begegnung nicht mehr wohl, und die sonst gewohnte Vertraulichkeit kam mir unaufrichtig vor. Und sie merkte ja, dass ich genervt war, verhielt sich immer vorsichtiger, was mir Leid tat und die Spannungen eher erhöhte.

Schließlich entschied ich mich, alles auf den Tisch zu legen. Selbst wenn es mir nicht in besonders konstruktiver Art möglich sein würde. Diese steht in weniger nahen Beziehungen leichter zur Verfügung. Privat und in empfindlich gewordenen Beziehungen ist das halt schwieriger. Nächstenliebe muss wohl auch Mut zur unbeholfenen Konfrontation einschließen. Aber es musste sein. Ich habe ja auch Beziehungen zerbrechen sehen, die sich nicht zu Konfrontationen durchringen konnten. Oder die rechte Zeit dazu verpasst hatten. Oder die Spielräume waren längst verbraucht.

Konfrontation muss ja nicht blinde Karambolage oder Kampfansage sein. So wird es oft verstanden. Konfrontation meint eigentlich ein Gegenüberstellen von Wirklichkeiten, sie sich selbst und dem anderen zumuten. Das ist eine Gratwanderung, weil ja auch manche Rücksichtslosigkeit und Brutalität mit Wahrheitsliebe begründet wird. Und soweit und solange Spielraum ist, sollte man Beziehungsklärungen angehen. Das gilt beruflich wie privat. Auf der anderen Seite muss man ja nicht jede Empfindlichkeit gleich zum Thema machen. Das kann Unbefangenheit rauben und Beziehungen anstrengend machen. Verschiedene Beziehungstypen sind verschieden empfindlich. Ich als *Intensitätsverminderer* und *Ich-Es-Typ* fühle mich gestört, wenn es in der Sache nicht voran geht, möchte aber den Ball möglichst lange flach halten. Ein *Intensitätsverstärker* und *Ich-Du-Typ* ist eher gestört, wenn er sich in der Beziehung nicht richtig gesehen fühlt und möchte durch intensive Klärung wieder Nähe herstellen.

Egal wie, ich entschied mich - notfalls unausgegoren - auszudrücken, was ich wirklich empfand. Natürlich fragte ich sie vorher. Sie fand schriftlich gut und wollte Zeit, ohne Zugzwang darauf zu reagieren. Sie wusste ja selbst nicht, wie gut sie nehmen konnte, was auf sie zukam. Ich fand schriftlich auch gut, konnte ich doch erst mal frei von der Leber weg schreiben. Schon das befreite mich. Ich konnte nun unnötig verletzende Formulierungen ins rechte Maß bringen, bevor ich auf

„Senden" drückte. Und siehe da, sie vertrug es ganz gut, nahm es als mein Erleben, ohne in Rechtfertigungen oder Gegenproklamationen gehen zu wollen. Mir war schon durch das kontrollierte Dampfablassen wohler gewesen, aber noch mehr nach dieser Reaktion. Sie zeugte von einer gewissen Größe und der Tragfähigkeit unserer Beziehung. Seither geht es uns wieder gut miteinander. Wir nerven uns gelegentlich immer noch, haben aber verabredet, da nichts mehr aufstauen zu lassen, sondern früher solche „Hygiene" zu betreiben. Uff, das ging gut.

Es ging nicht immer gut. Ich habe auch Beziehungsverluste zu beklagen. Sie sind entgleist oder abgestorben, manchmal bei solchen Manövern, manchmal, weil ich mich nicht aufgerafft habe, manchmal weil die Beziehung einfach vorbei war. Bei einigen bin ich traurig, da fehlt was. Aber ich bin auch nicht zu grüblerisch oder nachtragend. Ich vergesse dann auch. Und schließlich hat der andere auch eine Verantwortung. Wenn er es dabei nicht bewenden lassen will, auch ok. Und doch kommen mir gelegentlich verlassene Baustellen vor Augen. Nun ja, so ist es halt. Aber ich lerne dazu.

Vergänglichkeit

Mai 2009

Ein Weggenosse aus jüngeren Tagen ist gestorben. Noch nicht mal so alt wie ich. Hirntumor. Als ich die Nachricht am Telefon hörte, kam mir eines der Lieder in den Sinn, das er früher zur Gitarre gesungen hat: „Das kann doch nicht alles gewesen sein ..." (Wolf Biermann).

Ich sag auch immer öfter: „Im nächsten Leben!" Nur glaub ich nicht an weitere Leben, zumindest nicht in den mir vorstellbaren Dimensionen. Es ist mehr eine Floskel, mit der ich bekenne, dass was nicht mehr geht, dass ich es nicht einmal mehr möchte, dass es aber doch schön gewesen wäre.

Gestern eine Konfirmation in der Familie. Schön wegen des jungen, hoffnungsvollen und selbstbewussten Aufbruchs ins Leben. Schön und schmerzlich wegen der aufsteigenden Bilder zum so kurzen Leben unseres Sohnes Peter. Bei einer Konfirmation im Kreis meiner Familie vor gut 10 Jahren sollten wir uns nach Alter aufstellen. Ich suchte meinen Platz in der Mitte, doch wollte man mir das nicht durchgehen lassen. Schließlich landete ich auf Platz 2 nach der Oma. Oma ist im Herbst gestorben.

Für die Konfirmandin gestern bin ich ein Großonkel. Wir haben in alten Familienalben geblättert. Ein Bild zeigt mich mit ihrem Vater in der Zeit seiner Konfirmation. Bald wird dieser 50. Der ältere Sohn der Familie wird jetzt in England auf eine gute Schule gehen und will dann Finanzwirtschaft studieren. Als ich spontan bemerkte: „Hoffentlich willst Du im Leben mehr als bloß reich werden!", horchte etwas in ihm auf. Aber man will ja nicht als moralinsauer wahrgenommen werden.

Jetzt am Wochenende ist meine alte Freundin Angelika Glöckner von der deutschen TA-Gesellschaft geehrt worden „für ihr Lebenswerk". So schnell geht es? Rückblick auf ein Lebenswerk. Und was jetzt noch?

Dieses und nächstes Jahr gestalten wir vieles am Schlosshof und Schulhof noch einmal neu. Bis dahin wird auch der neue Garten fertig sein, neu, lichter, pflegeleichter, mit der Statue an der Stelle, wo unser Sohn gefunden wurde.

Wir erneuern Bühnen, auf denen wir zunehmend eher Nebenrollen spielen werden. Jetzt nutzen wir noch einmal den Schwung, hoffen, dass die Welle dann noch lange trägt. Die Maurer haben mit uns gescherzt: 1000 Jahre Garantie auf das Kunstwerk von Natursteinmauer! Meine Antwort: „Werde ich überwachen!"

Heute steht in der Zeitung, dass ein Forscher glaubt, das Altern aufhalten zu können bis fast an die Unsterblichkeit. Wollen wir das? Und doch wollen wir in diesem Leben noch ein Leben haben. Welches?

Heute ist es trübe draußen. Der befürchtete Absturz der Börsen und des Euro scheint wegen eines 750-Milliarden-Rettungs-Pakets abgesagt, zumindest erstmal verschoben. Stattdessen Kursfeuerwerk, besonders Bankaktien. Wieder weltweit gigantische Vermögensumschichtung zugunsten der Finanzaristokratien. Die Rechnung kommt noch. Selbst Bankvorstände denken darüber nach, Äcker oder sonst was Elementares zu kaufen. Kurt Biedenkopf hat sich im Fernsehen beeindruckend klar geäußert: Nicht nur die Griechen, wir alle leben seit Jahren über unsere Verhältnisse und auf Kosten der Zukunft.

Ein ganz normaler Tag und Gedanken, die einem so kommen, wenn beim Tod eines Weggefährten für einen Moment die Zeit still wird und man dem lauscht.

Fenster auf. Die Vögel singen. Die Welt dreht sich weiter.

Begegnung mit Gefühl

Juni 2012

Einige unserer Freunde sind in schwerem Wasser. Gerade noch vital unter uns und nun mit schweren Leiden ringend oder gar einem hoffentlich gnädigen Ende entgegentreibend. Ihre Nächsten, jetzt vom Umbruch gebeutelt, brauchen Rückenstärkung, eine Handreichung.

Wer ist dazu nicht bereit? Doch: Wie soll man sich begegnen? Was zum Ausdruck bringen, was nicht? Um was geht es jetzt? Doch um sie und nicht um das eigene Unbehagen. Es geht darum, dem anderen beizustehen und sich dabei zumindest irgendwie stimmig, würdig zu begegnen. Das ist schon schwierig, wenn man sich nicht ganz so vertraut ist oder selbst noch wenig geübt in solchen Begegnungen. Es wäre zu machen, wenn die Beziehung eine Selbstverständlichkeit hätte. Doch sind Beziehungen oft nicht so recht klar oder belastet.

Ich erinnere Menschen, die nach dem Tod unseres Sohnes die Blickrichtung oder Straßenseite gewechselt haben, wenn sie mich entdeckten. Ich kann das verstehen. Sie waren vielleicht irgendwie überfordert, wollten mir so nicht begegnen. Manche haben später darüber gesprochen, oder man ist sich eben irgendwie neu begegnet. Andere sind seither fern. Auch ich habe da wenig von zu Hause mitgebracht. Doch geriet ich in eine Zeit intensiver Selbsterfahrungen und Beziehungsklärungen.

In schicksalhaften Gefilden ist es eine besondere Herausforderung, mit den Unterschiedlichkeiten im Fühlen, Mitfühlen umzugehen, Gefühle zum Ausdruck zu bringen. Soll man doch noch wagen, was man so lange unversucht gelassen hat? Soll man deutlich einladen? Oder nur aufmerksam sein, wozu es den anderen noch drängt? Ist das dann Respekt? Und wovor? Vor den eingeschliffenen Beziehungsgewohnheiten oder vor einer Selbstbestimmung des anderen? Soll es nur darum gehen, was der andere noch will? Oder darf man sich dem anderen zumuten, um selbst zurechtzukommen?

Leicht geht es mir mit einer Freundin, die ich nun im Hospiz besuche. Wir haben ein unkompliziertes Verhältnis, denn wir passen auch im emotionalen Stil und in unseren Vorstellungen von Begegnung gut zusammen. Sie weiß, dass ich recht nüchtern und verhalten reagiere und erlebt dies als erleichternd. Mit der Betroffenheit und den Tröstversuchen von Menschen mit ganz anderen Stilen umzugehen, empfindet sie als Aufgabe. Da ihr auch solche Begegnungen wichtig sind, lässt sie sich in guter Dosierung darauf ein. Sie scheint froh über unsere Begegnungen zu sein. Sie kann unbefangen über ihre Erlebnisse sprechen, über ihre Träume, in denen sich ihr Weg in Bildern entwickelt. Sie sucht Spiegelung für ihre Art, Abschied zu nehmen und weiß, dass ich damit genügend distanziert umgehe. Gerade das bringt uns in unserer Art auch nahe. Wir sprechen offen über die Sorge, uns in einer solchen Situation nicht zu genügen und können sie uns gegenseitig leicht zerstreuen.

Schwieriger ist es, wenn man sehr verschieden im emotionalen Stil und dementsprechender Beziehungsgestaltung ist. Dabei müsste eigentlich klar sein, dass jeder eben lebt, wie er gebaut ist und was er gelernt hat. Doch leidet man dann doch an der Andersartigkeit des anderen. Unterschiede tun weh, wenn sie in wesentlichen Dimensionen bleiben, bei Menschen, die einem die Nächsten sein sollen. In besonderen Belastungssituationen kommt es dann oft zum Bruch, weil die Spielräume, mit Unterschiedlichkeit zu leben verloren gehen. So sollen sich mehr als die Hälfte der Paare, die ein Kind verlieren, in der Nachfolge trennen. Es ist nicht einfach, einen wesensfremden Umgang mit Verlust und Trauern in Zeiten solcher Erschütterung zu respektieren, dennoch gemeinsam zu trauern und nicht die verschiedenartige Trauer des anderen als Verrat, Herzlosigkeit oder neurotisches Klammern falsch zu verstehen.

Erschütterung und Alltag

November 2012

Nun hat es wieder jemanden getroffen. Die Mitarbeiterin eines Freundes, Mitte Vierzig. Sie ging mit einer Hautveränderung zum Arzt. Die Verdachts-Diagnose schlug ein wie ein Blitz: „Schwarzer Hautkrebs". Wenn das stimmt und er gestreut hat, sind die Tage gezählt.

Von einem Augenblick zum anderen ist alles anders. Und dann auch wieder nicht. Eigentlich sind die Tage immer gezählt.

Was jetzt? Es ist Freitagmorgen, also erst mal Wochenende. Im Alltag des medizinischen Systems geht es frühestens Montag weiter.

Was tut sie? Sie geht ins Büro. Festhalten an Vertrautem? Die Kollegen und auch wir sind erschüttert, echte Anteilnahme und Mitgefühl. Doch im Hintergrund bald auch stumme Überlegungen, in menschlichen und persönlichen Dimensionen, doch auch bezüglich des Unternehmens: Was wird sein? Wie lange kann das gehen? Wird sie weiter arbeiten können und wollen? Sie hat eine zentrale Funktion. Darf jetzt schon an Plan B gedacht werden? Ob man will oder nicht, das Gefüge ändert sich sofort. Da sind große Projekte in sensiblen Phasen. Da darf die Koordination nicht aus dem Ruder laufen. Wer kommt für die vielleicht bald vakante Funktion infrage? Darf man in einer solchen Situation weiterdenken, weitersprechen? Man will doch der Entwicklung nicht vorgreifen, gerade jetzt nicht.

Am Wochenende Internetrecherche, das ganze Elend. Der Boden bricht weg. Lieber Montag wieder zur Arbeit. Alltag hat was Tröstliches. Dann die furchtbare Bestätigung. Auch erste Organbefunde. „Da ist was an der Leber. Mehr können wir noch nicht sagen. Das muss noch abgeklärt werden." Auch das hat seine Abläufe. Eben Alltag im medizinischen System. So verletzbar wie man jetzt ist, hätte man natürlich andere Wünsche. Dann wieder Büro. Alle sind bedrückt. Sie bespricht Übergaben für den Fall der Fälle. Schon jetzt den Nachlass regeln?

Eine traurige Geschichte von vielen.

Unser Sohn Peter war ca. 10 Jahre alt als seine schwere Krankheit diagnostiziert wurde. Da wirkte er von motorischen Ungeschicklichkeiten abgesehen noch gesund. Begabt und beseelt wie er war, steckte er voller Erwartungen an das Leben. Und doch mussten wir hilflos zusehen, wie ihn die Krankheit langsam körperlich verzehrte. Er wollte nicht krank sein und wir taten alles, um Normalität und Alltäglichkeit mit ihm zu leben. Und doch sahen wir voller Sorge auf zum sich verdunkelnden Himmel. Keine Sternschnuppe, der wir nicht unsere bangen Hoffnungen mit auf den Weg gegeben hätten. Vergeblich. Als er mit 17 Jahren dann doch überraschend starb, wurden wir in ein Leben ohne ihn verstoßen. Dass ein solches auch irgendwie alltäglich weitergeht, obwohl alles nicht mehr ist wie es war, gibt Halt. Dazwischen immer wieder tiefe Erschütterungen. Auch das ist gut. Sonst stirbt man im Funktionieren innerlich ab. Doch erschüttert sein kann man eben auch nicht dauernd. Also lieber wieder „Normalität", die doch wieder keine sein kann. Das ist zwiespältig und geht in Wellen. Man kann lernen, damit zu leben.

Auch für die anderen ist es nicht leicht. Wann fragt man nach, lädt ein, intensiver zu sprechen? Wie viel ist wann gut? Braucht der andere gerade Ermutigung, sich in seiner Erschütterung zu zeigen? Oder braucht er „Ablenkung", will er sich im Alltäglichen ausruhen, gerade bei vertrauten Menschen? Der Mann einer gerade verstorbenen Freundin erlebte unseren Männerboule im kleinen Kreis als entlastend und stärkend: „Im vertrauten Kreis eine Weile einfach von was ganz anderen eingenommen sein..."

Wie nah doch Leben und Tod beieinander liegen können. Wir wissen es und doch nicht. Schwer vorzustellen, dass eine Cousine, eine junge Mutter, drei Tage vor ihrem Krebstod nochmal mit ihren Kindern Riesenrad gefahren ist. Da geht der kranke Sohn einer befreundeten Familie täglich an die Uni und büffelt für Prüfungen, obwohl ein Berufsleben außer Reichweite ist. Da wird weiter zur Schule, zur Arbeit gegangen, das Haus geputzt, der Garten besorgt. Für was? Warum? Doch, was soll man auch anderes tun? Wissen, wer man im noch vorhandenen Leben ist, an den Welten der anderen teilnehmen, geht schlecht anders. Und man hat auch nichts anderes gelernt. Wahrscheinlich gibt es Umgebungen, in denen gemeinsam anderes gelebt werden kann. Aber wer ist damit vertraut?

Die meisten Menschen, die schwere Schicksale schon hautnah erlebt haben, fühlen sich nicht mehr so unbeholfen. Das Leben und gerade seine leidvollen und dunklen Seiten lassen reifen, wenn auch schmerzlich. Menschen, die bisher auf der unversehrten Seite des Lebens oder auf der Überholspur ohne größere Pannen unterwegs waren, tun sich da oft schwerer. Früher oder später steht für jeden an, der Zerbrechlichkeit des Lebens zu begegnen.

Sommergold

Juli 2008

Spätsommer. Ich werde wehmütig, wenn ich jetzt durch die herrliche Hügellandschaft unserer Region fahre. Die meisten Felder sind schon abgeerntet, das Stroh liegt in großen runden Ballen malerisch verteilt zum Abtransport bereit. Zwischen den Stoppeln zeigt sich neues Grün, oder es ist schon umgepflügt und der Gründünger ist ausgesät. Es ist ein Glück, dass die Ernte eingebracht ist und unsere unmittelbare Umgebung uns so reich versorgt. Das ist ja nicht überall so.

Aber jetzt schon? Liegt es am Älterwerden, wenn sich in die Freude das Gefühl von Vergänglichkeit mischt? Oder empfinde ich die Freuden nicht intensiver, weil mir bewusster wird, wie gefährdet alles ist?

Das Jahr neigt sich wieder gen Herbst. Unsere Planungsgespräche orientieren sich bereits wieder an Weihnachten. Gerade noch bezauberte uns der Glanz der reifen Ähren. Reales Gold in vielen Schattierungen. Gold, das man essen kann. Nicht irgendwelche Finanzprodukte, deren „Werte" bestenfalls auf Papier stehen.

Wir waren gerade erst beflügelt von den im Wind wogenden Getreidefeldern. Ein alter Freund träumte immer davon, in diesen Wogen zu schwimmen. Er ist schon einige Jahre tot.

Doch noch ist Sommer! Wie schön. Ferien. Ausspannen, durchatmen, mal in Ruhe tun, wozu man sonst nicht kommt. Allerdings, wenn ich's recht bedenke, war das mit dem Genießen nicht immer so einfach. Die ersten Ferientage oft quälend unausgefüllt: Entlastungsdepression! Erst allmählich innere Ruhe und Freude einfach am Dasein. Das ist besser geworden, vielleicht gerade weil ich mich nicht mehr so im Engagement verliere, öfter mal den kleinen Freuden und ihrer Vergänglichkeit begegne.

Wie dem auch sei: Genießen wir die guten Stunden: Le Bonheur!

Vom Feuer lebendiger Bilder

Juni 2013

Dieser Tage sind mir bei der Vorbereitung eines Vortrags zu C.G. Jung und systemischem Denken wieder Konzepte von Peter Schellenbaum begegnet. Er unterscheidet *Dingbilder* und *Wirkbilder*. Danach gibt es Bilder, die ein Ding bleiben, und es gibt Bilder, die Wirkungen erzeugen. Im Umgang mit Menschen sind wir meist an Wirkbildern interessiert. Ob Dingbild oder Wirkbild, es bestimmt sich nicht aus dem Bild selbst, sondern aus der Resonanz in einem Menschen. Ein „heiliges" Bild bleibt ein Dingbild, wenn es mich nicht bewegt. Hingegen kann mich der Anblick eines Spatens berühren, wenn in mir aufleuchtet, dass damit alte Oberflächen umgebrochen werden und neue Keime eine Chance bekommen. Der Spaten wird zum Wirkbild. Heilig oder profan entscheidet sich durch die Bedeutung für seelische Lebendigkeit. „Wirkung" bedeutet, dass wir in irgendeiner Weise in Bewegung geraten, oft nicht einmal wissend, in welche.

Wir begegnen in unserem Leben Milliarden von Bildern und Geschehnissen, Sprüchen, Berührungen und Eindrücken aller Art. Die meisten vergehen spurlos. Doch gibt es welche, die unter die Haut gehen und sich bei uns verfangen, im Guten wie im Schlechten. Als wäre meine Seele ein unsichtbares Fischernetz. Wie es geknüpft ist, erkenne ich erst an dem, was darin hängen bleibt. Wie in einem Mosaikspiegel kann ich in eingefangenen Bildern meine Wesensart betrachten. Sie machen uns aus. Was sich da über die Jahre angesammelt hat, *der bin ich!* Was und wie sich

Neues darin verfängt, *der bin ich!* Solche Bilderwelten sind im Hintergrund eines jeden Menschen. Und sie beeinflussen sein Erleben und Verhalten mehr als allen bewusst ist.

Jede Beziehung hat mit der Begegnung von Bilderwelten zu tun.

Will ich einen Menschen begreifen, lohnt es sich, mit seiner Bilderwelt Dialog zu halten. Will ich mich selbst begreifen, sollte ich studieren, welche Hintergrundbilder ich mit mir herumtrage und welche wann, wie und wodurch aktiviert werden.

Es ist schon viel an Selbsterkenntnis gewonnen, wenn wir aufmerksam dafür werden, welche Stories wir erzählen und welche Bilder wir erzeugen. Ist es ewig das Gleiche und wir langweilen damit andere und, wenn wir ehrlich sind, uns selbst auch? Routinegänge durch die Abstellkammer für überkommene Selbstverständnisse. Dann aber wieder Bilder, die uns selbst und andere beleben. Nicht leicht zu unterscheiden, welche Bilder und Selbsterzählungen zur hemmenden Gewohnheit geworden sind – vielleicht sentimental rühren, aber nicht weiter führen – und welche Bilder Persönlichkeit und Identität segensreich stabilisieren. Nicht leicht einzuschätzen, welche Bilder als unwichtig, gar störend beiseitegelassen werden sollten und welche zwar irritieren, aber Potential haben. Hierbei können andere als menschliche Spiegel wertvoll sein.

Wie belebend, wenn man sich neu erzählt, sich neuen Bildern zuwendet, die Ahnung auf den morgendlichen Horizont richtet. Wie gut, wenn man Menschen begegnet, die ein Gespür dafür haben, was für einen Dingbilder und was Wirkbilder sind. Menschen die auf Wirkbilder Resonanz geben oder welche auslösen, am besten mit eigenen Wirkbildern. So entstehen wesentliche Beziehungen.

Es geht um Erhalt und Weitergabe von Feuer. Das geht am leichtesten durch Anzünden an bestehenden Feuern. Feuer können auch ausgehen, wenn sie nicht mit Substanz versorgt werden. Feuer können sich spontan entzünden, durch Blitz ausgelöst oder mit Werkzeugen geschlagen werden. Auch wenn lange kein Feuer brennt – es gibt Feuer, und es kann immer wieder neu entzündet werden!

Nüsse sammeln

April 2011

Im letzten Herbst bin ich wieder losgezogen. Walnussbäume überall. Sie werden oft nicht geerntet. Nüsse sollen ja so gut sein, z.B. für's Gehirn. Gerade ältere Bäume, manchmal mächtig groß und erfahren, manchmal schon mit ersten Brüchen, tragen oft reich. Wenn sie am Hang stehen, zusammen mit dornigen

Sträuchern, weiß ich, dass da überall Nüsse liegen. Besonders dort, wo andere wegen der Dornen nicht sammeln.

Man sieht nicht gleich, wie groß die Ausbeute sein wird. Man muss einfach anfangen zu sammeln. Dann sieht man immer mehr. Hat das mit dem Blickwinkel beim Bücken zu tun? Ich ergreife eine und sehe in diesem Augenblick noch die und die und die. Dann muss ich mich aufrichten, den Rücken und den Blick erholen. Es sieht fast so aus, als wär's das gewesen. Da sehe ich wieder eine, und noch eine und noch eine. Um keine zu verpassen, stopfe ich sie erstmal in die Taschen, notfalls ins Hemd oder sonst wo hin. Doch ich muss sie ja auch transportieren. Da muss schon mal ein Pullover herhalten, mit zugeknoteten Ärmeln.

Ich sammle und sammle. Eigentlich bin ich keiner, der nicht genug kriegen kann oder der alles aufheben muss. Aber beim Nüsse Sammeln kann ich schlecht aufhören. Dabei esse ich selbst kaum welche, umso mehr die anderen um mich und das schon den ganzen Winter. Wenn ich dann am Abend auf die zum

Trocknen ausgelegten Vorräte schaue, bin ich zufrieden.

Warum ist mir das eigentlich jetzt eingefallen, im Frühjahr?

Ich werde in den letzten Wochen so reichlich mit Bildern und Ideen beschenkt, dass ich kaum mit Aufsammeln nachkomme. Aber wohin damit? Ich habe sie schon in eine ganze Reihe von Texten verfüllt. Mein Zettelkasten quillt über. Und mein Vorrat an Ideen für Essays ist beachtlich. Ich sammle sie so reichlich, dass ich das auch als Verpflichtung erlebe, sie zu formulieren. Es sind ja nicht irgendwelche Ideen, sondern sie vervollständigen mein Verstehen und viele Zusammenhänge. Und mir fallen Worte und Bilder ein, mit denen ich sie auch verständlich ausdrücken könnte.

Kaum schreibe ich die ersten Formulierungen auf, fällt mir noch Weiteres ein, finde ich Ergänzungen zu diesem oder jenem. Eben wie bei den Nüssen. Inspiration und Sprache sind für mich Leben, auch wenn davon nichts bleiben sollte.

Ein langjähriger Schüler schenkte mir zum 25 jährigen Jubiläum ein Büchlein: „Der

Mann, der Bäume pflanzte." Ein Schäfer hatte sich für ein Leben in der Einsamkeit entschieden, nachdem er Frau und Sohn verloren hatte. Als er erkannte, dass die ganze Gegend aus Mangel an Bäumen absterben werde, entschloss er sich, etwas dagegen zu unternehmen und säte seitdem Bäume. Und mir kommt dazu eine vage Erinnerung. Unser Sohn Peter hat mir diese Geschichte schon einmal vorgelesen, vor vielen Jahren. Er mochte sie. Ich sehe seinen Blick versonnen die Weite suchen.

Er ist schon viel zu lange tot.

Zagen

Juni 2007

Manchmal verliere ich den Mut, mich zu Themen der Wissenschaft, der Gesellschaft, des Geistes öffentlich zu äußern.

Da habe ich doch etwas verstanden, wie ich meine. Es ist nicht unbedingt neu, aber so begriffen habe ich es noch nie. Und ich möchte es mit der Welt teilen, mich dazu bekennen, voll Entdeckerfreude zeigen, was mir aufgegangen ist.

Und in den nächsten Tagen und Wochen begegne ich so vielen Situationen, auf die die neuen Einsichten zu passen scheinen, in denen es sich bewährt, darüber zu sprechen.

Dann läuft mir ein Vortrag oder ein Buch über den Weg, aus dem ich erkennen kann, dass diese Gedanken seit ewigen Zeiten zu unserem Kulturgut gehören, dass es Bücher, ja Bibliotheken und eine ganze Geistesgeschichte dazu gibt, die mir leider entgangen waren. Soll ich mich nun schämen?

Nein! Erstmal fühle ich mich bestätigt und ich bin für mich stolz, dass ich zu Gedanken und Fragen gefunden habe, die offenbar zentraler Bestandteil unserer Geistesgeschichte sind und von großen Denkern im Wesentlichen doch recht ähnlich eingebracht wurden. Gleichzeitig fühle ich mich geprellt. Ist es nicht peinlich, diese Gedanken jetzt mit der ursprünglichen Entdeckerfreude als meine Entdeckung zu verbreiten? Stehe ich nicht einfach nur als ungebildet und naiv da, wenn ich das wage? Ich sollte, wenn ich schon zu diesen Fragen etwas sagen will, mich wenigstens kundig machen, was es dazu alles schon gibt.

Doch will ich das? Kann ich das leisten? Ist mir der Gedanke so wichtig? Und selbst wenn es mir gelänge, es wäre nicht mehr was es war. Nicht mehr für mich. Aber es hätte wohl auch nicht mehr die Kraft der Frische, wenn ich es mitteilen wollte. Das kann dann jeder, der solche Themen jahrelang studiert hat, besser. Es ist dann sicher differenzierter, vielleicht aber eigenartig tot-richtig. Nur wenigen ist es gegeben, jahrelang erarbeitetes Wissen lebendig zu halten und zu vermitteln.

Ich sollte vielleicht lieber still froh an mir und meinen Gedanken sein und den Mund halten. Würde mir ohnehin nicht geglaubt, dass es von mir ist und käme auch komisch, wenn ich Aufhebens davon machen würde, dass ich's jetzt auch gemerkt habe. Sollte ich nicht doch besser still sein, um nicht im Nachhinein ein Licht auf meine vorherige Unwissenheit zu werfen?

Dann erlebe ich Vorträge anderer, Diskussionen in fachlichen Runden, in denen dann doch fehlt, was mich so beseelt hat und das durch das umfassendere Wissen nicht transportiert wird oder bei anderen nicht ankommt. Oft ist es unfassbar richtig und zu weit vom aktuellen Prozess der angesprochenen Menschen. Oder es ist der Lebenswirklichkeit und dem Erkenntnisstand der Agierenden nicht gemäß.

Ich merke, dass dieses Elixier fehlt und es schäumt in mir auf, es doch einzubringen. Oft gelingt das spontan, weil es noch so in mir schwingt. Dann werde ich aufgefordert, einen Vortrag dazu zu halten, und ich sage beseelt zu. Doch ein solcher Vortrag, zumal Monate später, kann schwer werden. Wegen des höheren Gewichts der Situation will ich systematischer denken, nachlesen, wenigstens einigen Quellen Referenz erweisen. Doch gerade dadurch wird es kompliziert. Ich lasse diese Vorarbeiten dann wieder ruhen, weil die Lebendigkeit dessen, was ich sagen könnte und damit der Sinn für mich vertrocknet. Manchmal ein verzweifeltes Ringen, durch das ich zu einer neuen Form und neuen Gleichgewichten finde.

Manchmal wird es so wieder frisch genug, dass die ursprüngliche Inspiration auch durch einen Vortrag und beim Auftritt vor vielen Menschen hindurch schwingt. Die Freunde sagen mir, dass ich im spontaneren Gespräch besser, aber der Vortrag schon in Ordnung war. Stimmt leider.

Ich hätte es vielleicht bei den spontanen Beiträgen lassen sollen. Doch ohne den Vortrag hätte ich nicht gerungen, manchem nicht eine festere Form gegeben oder überhaupt nicht genug Antrieb gehabt, Gedanken und Erfahrungen festzuhalten...

> „Das ist halt so mit mir...
> Und bin halb froh mit mir..."
>
> (Wolf Bierman)

Am Zaun

Mai 2003

Ich möchte ein Erlebnis berichten. Es ist mir seelisch wichtig, weil solches im Geleit der transzendenten Momente geschah, die bei den Seminaren auf der Tromm so häufig waren.

Ich traf während eines versonnenen Spaziergangs in einer Mittagspause einen Mann, der an einem Zaun stand. Wir kamen ins Gespräch, und nach einer Weile erzählte er mir vom Leid seines Lebens. Seine geliebte Tochter war 21-jährig von einem Omnibus überfahren worden. Ich war berührt von dieser Begegnung, die mich mit mir noch fernen Dimensionen der väterlichen Liebe in Berührung brachte.

Später kam unser Sohn Peter zur Welt. Er war oft mit auf der Tromm und liebte die Spaziergänge mit mir, während Mama Seminar hielt. Ich lernte durch ihn Liebe in einer mir bisher unbekannten Absolutheit kennen. Nicht umsonst ist der Begriff der Liebe im I Ging der Beziehung zwischen Eltern und Kindern zugeordnet. Unsere Tochter machte unser Glück und unsere Familie vollständig. Durch eine etwa im 10. Lebensjahr bei unserem Sohn entdeckte Krankheit mussten wir dann der anderen Seite des Glücks - nämlich seiner Zerbrechlichkeit - und der anderen Seite der Liebe - nämlich dem Schmerz - begegnen. Trotz der Krankheit völlig überraschend, ist unser Sohn 17-jährig im November 2001 gestorben. Mittendrin fanden wir ihn im Garten tot.

Nun stehe ich am Zaun und wer vorbeikommt und ein offenes Herz hat, dem erzähle ich vom Leid unseres Lebens, von der Zerbrechlichkeit und von zärtlicher Liebe, die das alles wert ist.

Das Seelenschiff

Dezember 2008

Gestern holten wir die kleinere Version des Seelenschiffs beim Heidelberger Künstler Pieter Sohl ab. Sie ist für das Grab unseres Sohnes Peter bestimmt.

„Der Engel, der so viel Liebe in unser Leben gebracht hat, ist weitergezogen. Wir müssen lernen damit zu leben!" haben wir in der Todesanzeige formuliert. Und wir haben es gelernt.

Wir haben sieben Jahre gebraucht, um das Grab, das bisher ein kleiner wilder Garten war, neu zu gestalten, mit zwei dramatischen Natursteinen (grün-weißer Granit aus Lappland) und einer Säule, auf der das Seelenschiff unterwegs sein wird.

Die große Version wird bei uns im Garten stehen, dort, wo er aufgebrochen ist.

Das Motiv für das Seelenschiff geht auf eine Kunstpostkarte zurück, die seit 27 Jahren in einem goldenen Rahmen auf meinem Schreibtisch steht: Die Skulptur des Königs Tutanchamun, auf einer Barke stehend, die Harpune in der Hand.

Mich berührte die Anmut und Zartheit seiner Haltung auf dieser winzigen Barke, der Blick, nicht auf ein Ziel, sondern auf Erschauen gerichtet, die Harpune, zwar von seiner Hand gehalten und doch aus anderen Dimensionen geführt. Tutanchamun starb mit 18 Jahren.

Das Seelenschiff

Peter hatte etwas von dieser überirdischen Zartheit, etwas strahlte durch ihn hindurch. Gleichzeitig war er ein begeisterter Segler, zwar körperlich schwach, aber mit wachem weitem Blick für die Winde und Strömungen und den richtigen Kurs.

Als wir den Künstler in seinem Atelier auf dem Kohlhof besuchten, bemerkten wir, dass er genau in dem Haus wohnte, um das meine Frau und ich uns 1981 vergeblich beworben hatten, bevor wir uns dann für Wiesloch entschieden. Hier erfuhren wir, dass auch er einen Sohn verloren hat. Eine hölzerne Skulptur, schwebend unter der Decke, lässt seinen Sohn gegenwärtig sein.

Pieter Sohl erzählte von seinem Sohn und nahm unsere Geschichte wie auch das Bild vom König mit der Harpune in sich auf. Wir sprachen über Peters Liebe zum Mond und über Ägyptische Mythologie.

Schließlich ist aus all dem das Seelenschiff geworden.

Traumzeit

November 2014

Wie jedes Jahr habe ich mich mit Freunden für einige Zeit auf La Gomera zurückgezogen. Schwebende Tage, endlos frühstücken, baden, Boule spielen, Fisch essen, lange besinnliche Gespräche auf der Terrasse über dem Meer.

Raum für besondere Empfänglichkeiten, Traumzeit eben.

Was im Netz meiner Seele hängen bleibt, halte ich in meinem Traumzeit-Tagebuch fest: innere Bilder, Schlüsselerlebnisse, Gedanken und Verknüpfungen aller Art.
Sie entschwinden sonst wie Träume beim Aufwachen.

Wir älteren Semester sind beruflich in der Übergabe an die nächste Generation. Und wir fragen uns schon mal, was noch kommen soll.

Woher soll Neubelebung kommen? Wohin wachsen, wenn man des Üblichen müde wird? Wohin müsste es jetzt gehen? Vertiefung? Neu-Ausrichtung?
Ich habe von einem Gärtner gelernt, dass eine Topfpflanze die richtige Topfgröße haben muss. Ist er in jungen Jahren zu groß, geht Wachstum übermäßig in die Wurzeln statt in die Welt draußen. Also besser erst nach und nach größere Töpfe. Aber jetzt? Unsere Pflanzen sind schon voll entwickelt, die Topf-Erde vielleicht ausgelaugt. Brauchen wir neues Wurzelwachstum?

Mit den Freunden habe ich über das Gefühl gesprochen, an mich begeisternden Bildern und Phantasien ärmer zu werden. Auch scheint mir, dass ich kaum noch Bedeutsames träume. In der Nacht darauf antwortet mir ein Traum, nicht spektakulär, keine großen Emotionen, mehr ein Vor-Augen-geführt-bekommen:

Ich bin wieder in dem Gebäude. (Ich habe schon früher immer wieder geträumt, es würde für uns umgebaut, bliebe aber unübersichtlich und würde nicht fertig.) Eine Mischung zwischen Tagungshaus und Wohnhaus mit viel Raum im EG und im OG unterm Dach. Jetzt gehen die Bauarbeiten zu meiner freudigen Überraschung Richtung Abschluss. Ein weiterer Eingang im EG und zwischen den Gebäudeteilen eine Art Lichthof. Die Privaträume im OG sind mit Dachfenstern hoch und hell ausgebaut, allerdings nur durch eine verknitterte Folie zu sehen. Teppichboden liegt zur Verlegung bereit und man kann sich ein großzügiges Wohnzimmer vorstellen. Im EG ein Galerie-artiges Rondell, in dem schöne Werkzeuge ausgestellt sind. Daneben tagt schon eine Gruppe. Zwei mir vertraute Bauleute mit freundlich-väterlicher Ausstrahlung sind mit dem weiteren Ausbau zu Gange. Ja, vieles war liegengeblieben, aber ich solle mich nicht beim Architekten beschweren. Der sei anderweitig in Projekten gebunden. Insgesamt bin ich erfreut, dass doch noch alles fertig werden wird.

Nach und nach stellen sich beim Sinnieren Bezüge zum Traumbild ein. Es ist, als wäre da zunächst nur ein Tusche-Klecks. Wenn man eine Feder nimmt und die Tusche verzieht, entsteht nach und nach ein vielfältiges Bild.

Der erste Bezug: In früheren Träumen lag „unser" Gebäude neben einer Kleinmöbelfabrik in meiner Heimatstadt. Mein Vater war dort technischer Direktor. Er hatte seinen Vater, einen begnadeten Möbel-Schreiner, aber dem Alkohol zugeneigt, abgelöst. Mittlerweile ist das Unternehmen liquidiert, weil die Söhne das schwieriger werdende Geschäft nicht erhalten konnten.

Der zweite Bezug: Die Scheune dieses Großvaters hinter meinem Elternhaus. Sie war nicht mehr in Betrieb und wir rauchten als Buben dort auf dem ehemaligen Heuboden. Ich meine, mal geträumt zu haben, dass dort im Rahmen eines Umbaus eine Dach-Entkernung im Gang war, mehr kam aber nicht voran.

Der dritte Bezug: Unsere Scheune im Schlosshof in Wiesloch. Vor Jahren hatte ich wiederholt geträumt, dahinter weitere Gebäude zu entdecken. Sie gehörten uns und stünden zum Ausbau an. Doch es blieb unklar, was dazugehört und wie alles angelegt war. Rohbauarbeiten z. T. mit archaischem Erdaushub usw., aber keine Neuerstellung in Sicht.

Der vierte Bezug: Als sich in meinen jüngeren Jahren mal berufliche Hindernisse auftürmten, erwog ich, aus dem Elternhaus und der ehemaligen Schneiderei meiner Mutter ein Seminarzentrum zu machen. Die Berufung auf eine neue Stelle an der Uni Heidelberg ließ diese Ideen wieder verblassen. Doch plante ich in manchem Nachttraum noch Jahre danach, mein Elternhaus großzügig umzubauen. Irgendwie ging es aber nicht voran. Heute ist alles verkauft und mein Lebensmittelpunkt in Wiesloch.

Zeigen die Träume Bezüge über die Generationen? Erst kürzlich ist mir klar geworden, dass meine Designertalente bezüglich Konzepte und Kultur lange Wurzeln haben: Meine Mutter entwarf ihre Kollektionen selbst. Mein Großvater baute selbstentworfene edle Möbel. Mein Vater entwarf die Kleinmöbelkollektion für das Unternehmen. Außerdem war er für den ganzen technischen Betrieb zuständig. Und mit dem Unternehmer war er befreundet, von dem er mit Gefühl berichtet hatte.

Und was ist jetzt die Schlussfolgerung aus all dem? Ich weiß es nicht. Doch hab ich das beruhigende Gefühl, dass in meiner Seele was vorangeht. Und in Sachen Wurzeln braucht es vielleicht größere Horizonte als ich gedacht hätte.

Warum ich schreibe.

Januar 2000

Milton Erickson reichte zu Beginn seiner Seminare eine aufklappbare Postkarte herum. Außen sah man ein Kind, das mit weit ausgebreiteten Armen zum Sternenhimmel aufsah. Darunter stand: „Und wenn Du Dir dann die Dimensionen des Universums klarmachst, geht es Dir dann so, dass Du Dich völlig klein und unbedeutend fühlst?" Wenn man dann aufklappte, war innen zu lesen: „Mir auch nicht!"

Wenn ich frisch bin, noch nicht ganz im Tag verloren oder für eine Zeit von einem Dialog in Beschlag genommen, fliegen mich Gedanken und Worte an. Besonders morgens, wenn ich noch ganz absichtslos bin und noch nicht auf Aktion gepolt.

Es sind Worte und Formulierungen, die in mir aufleuchten und eine Zeit lang bleiben. Ich spreche sie in Gedanken, um sie zu behalten.

Ich bin von ihnen berührt, sinne nach, möchte nichts verlieren. Ich suche einen Zettel, um wenigstens den Zugang mit Stichworten zu markieren. Oder ich schreibe gleich los. Besser: Es schreibt in mir. Ich protokolliere.

Manchmal ist es auch so: Jemand behauptet etwas, oder ich lese, was jemand geschrieben hat. Ich bin inspiriert und beziehe es auf meine Sphären, um es dort auszubreiten.

Oder ich fühle mich herausgefordert, bin anderer Meinung. Dann lasse ich, wenn ich kann, anderes liegen, solange ich noch in Schwingung bin und schreibe, was mir dazu einfällt und welche Perspektive mir dabei wichtig scheint.

Wenn ich fertig bin, wenn auch erst substanziell, noch nicht in der Form einer guten Mitteilung, stellt sich eine Zufriedenheit ein, eine leichte Erschöpfung. Als hätte ich bei einer Bergwanderung noch einen Gipfel entdeckt und wäre außerplanmäßig hinaufgestiegen. Jetzt oben hat sich was erfüllt.

Warum schreibe ich? Ich möchte etwas festhalten, ihm eine festere Form geben. Ich habe die Phantasie, etwas beitragen zu sollen, anderen eine weitere Perspektive aufzuzeigen, eine vorhandene so nicht allein gelten lassen zu wollen. Ich habe Freude an der Bemühung um die treffende Sprache. Andere bildhauern, gärtnern oder machen Musik. Es ist Selbstfindung, Selbstausdruck und Selbstvergessen in einem, Anteilnahme an etwas anderem, vielleicht größerem, in dessen Schwingungsfeld ich gerate. Als *Ich-Es-Mensch* kann ich mich so und über Themen in Beziehungen gut mit Wesentlichem verbinden, bekomme neue Luft unter die Flügel, entrinne für eine Zeit dem Trend zur Abstumpfung. Ich finde zu mir und zu anderen, im gemeinsamen Schwingen mit inspirierenden Gedanken.

Ich möchte diesen Moment festschreiben als Grundschwingung, auf der neue Bewegungen aufsetzen. Und dazu brauche ich die Vorstellung, dass es, dass mich irgendwann jemand lesen wird. Das Schreiben bleibt, selbst wenn meine früheren grandiosen Vorstellungen, wie bedeutend ich sein könnte, was ich beizutragen habe, doch gewichen sind. Das Schreiben bleibt mir, damit ich lebendig bleiben kann. Und ein bisschen soll mir die Vorstellung, ich wäre doch ein irgendwie nützlicher Knoten im großen Netz, erhalten bleiben.

Frühling

März 2016

„Frühling lässt sein blaues Band…" Schon die ersten Worte dieses kleinen Gedichts von Mörike wecken bei mir leise Freude.

Noch bei den letzten Spaziergängen des ausklingenden Winters war ich bedrückt über die Kahlheit, über die Hässlichkeit all des Abgestorbenen. Doch jetzt regen sich die neuen Triebe, findet Grün dazwischen seinen Weg zum Licht. Manches Alte regt sich doch noch, belebt sich neu. Irgendwie tröstlich, wie unbefangen zart und frisch Triebe auch an altem Holz sein können. Anderes hat sich überlebt, ist abgestorben, dient vielleicht noch eine Weile als Struktur und Schutz, beim Zerfallen dann als Dünger. Das Neue treibt, überwuchert ohne „Rücksicht"! Nichts wie los! In die eigene Zukunft!

Frühling. Erste Sonne, Momente des Innehaltens, riechen, lauschen, ahnen, was wohl kommen mag. Freude an der einen Amsel vor dem Fenster, am ersten Veilchen. Neu Geborenes schenkt einen Zauber. So sehr füllt auch das Kleinste die Wahrnehmung, bestimmt das Empfinden, lässt tiefer atmen und für den Moment die „großen" Welten vergessen.

Irgendwie brauchen wir das auch. Sonst gehen wir verloren.

Kürzlich waren wir in einem Planetarium. Modernste Technik ließ uns nach Wunsch beliebig ins Universum reisen. Jenseits der Milchstraße ein Himmel übervoll von funkelnden Lichtern. Ein Sternenhimmel? Nein, das seien alles Galaxien. Jede mit Millionen Sternen. Wie kann man das begreifen? Und wir, irgendwo dazwischen? Größenmäßig sicher nicht vom Veilchen zu unterscheiden.

Zeit der Ablösung. Gerade hatten wir wieder ein Treffen mit Vertrauten wegen der Übergabe von Verantwortung und Mitteln bezüglich GmbH und Stiftung. Ich mache die Bühne frei für die Player der nächsten Generation. Sie sind hineingewachsen in Jahren gemeinsamer Gestaltung und jetzt bereit und der Inbesitznahme würdig. Und sie nehmen es dankbar an! Auch dass sie beizeiten Platz bekommen. Rolf Hochhuth erzählt, dass die der nächsten Generation gerne ungeduldig werden, wenn die Alten nicht endlich beiseite rücken. Auch dann, wenn sie noch viel zu sagen haben und noch Gehör finden wollen. Die Bereitschaft, den Alten noch länger zuzuhören, nimmt ab. Goethe habe seinen west-östlichen Divan im hohen Alter geschrieben. Heute ein Bestseller. Doch damals konnte man im Buchhandel noch nach 70 Jahren Exemplare der Erstausgabe bekommen. Erst viel später also die Würdigung des Alterswerkes. Auch ich will nicht völlig abtreten. Viele bauen schnell ab, wenn sie plötzlich ins Abseits geraten. Also dranbleiben, aber eher an die Enkel denken. Für sie Spuren hinterlassen. Es wird eh dauern. Und ob da irgendwann wieder was austreibt, ob man den Dünger wird noch dem einstigen Leben zuordnen können, ist ungewiss. Die Evolution pflügt in grausamer Verschwendung vieles unter, an Ideen, Passionen, Können, Kultur, an Menschen und Arten. Und doch bleiben vielleicht Spuren. Irgendwie ist man dabei, wenn alles neu austreibt.

Über die Autoren:

Dr. phil. Bernd Schmid ist Leitfigur der isb-GmbH, Wiesloch (seit 1984) www.isb-w.eu und der Schmid-Stiftung www.schmid-stiftung.org
Studium der Wirtschaftswissenschaften, Erziehungswissenschaften und Psychologie. Tätig als internationaler Referent, Lern- und Professionskulturentwickler, Unternehmer und Gründer von Initiativen und Verbänden, dabei Mentor und Konzeptentwickler für das Feld Organisation, für das Nutzen von OE- und Coaching-Know-how auch im Zusammenwirken von Profit- und Nonprofit-Unternehmertum.
Er ist u.a. Ehrenmitglied der Systemischen Gesellschaft, Ehrenvorsitzender Präsidium Deutscher Bundesverband Coaching www.dbvc.de, Preisträger des Eric Berne Memorial Award 2007 der Internationalen TA-Gesellschaft ITAA und des Wissenschaftspreises 1988 der Europäischen TA-Gesellschaft EATA. Life Achievement Award 2014 der Petersberger Trainertage. Essays zu persönlichen und professionellen Themen im Blog unter www.isb-w.eu, zahlreiche Veröffentlichungen als Schriften, Audios und Videos kostenlos ebenfalls unter www.isb-w.eu.

Jutta Werbelow, Jahrgang 1968, ist Musikerin, Moderatorin, Regisseurin und Texterin. Sie arbeitet seit 20 Jahren als Sängerin, Schlagzeugerin und Moderatorin in der Band „Die Nachtigallen" www.nachtigallen.de. Außerdem ist sie Regisseurin und Lehrende im Kinder- und Jugendtheaterbereich. Studium der Germanistik und Anglistik. Tätig als freie Texterin für Unternehmen und Bands. Sie lebt mit ihren beiden Söhnen in Wiesloch.

**KULTUR ENTSTEHT
DURCH KULTUR**

isb - mehr als Weiterbildung

Das **isb** (Leitung: Thorsten Veith) steht als Fachinstitut für Professions-, Organisations- und Kulturentwicklung seit 1984 für hochwertige Professionalisierung von Fachleuten in Organisationen / Unternehmen und ist dort eines der erfahrensten und renommiertesten Institute. Es qualifiziert Führungs- und Fachkräfte bezüglich der Steuerung von Organisationen in Veränderungsprozessen, in systemischer Beratung und Coaching sowie Organisations- und Kulturentwicklung.

Sein Renommee am Markt verdankt das **isb** seinen innovativen Konzepten und Methoden zu den aktuellen Herausforderungen in der Entwicklung von Unternehmen und persönlicher Professionalität. Das Netzwerk von Professionals des **isb** umfasst tausende Alumni aller Branchen (darunter 90% der DAX-Unternehmen) und anderer Gesellschaftsbereiche.

Das **isb** steht aber mittlerweile für Vieles mehr: Services, Initiativen und Events rund um das isb-Netzwerk, im Feld und in Kooperation mit nationalen und internationalen Verbänden / Organisationen, sowie medial aufbereitetes Know-how zu Inhalten und Methoden. Das **isb** gestaltet das Feld systemischer Praxis und systemischer Unternehmensentwicklungen maßgeblich mit.

Publikationen, Themenhandouts, Audios, Videos und Arbeitsmaterialien finden Sie kostenfrei in unserem Medienbereich zur eigenen Nutzung: http://isb-w.eu

Besuchen Sie auch unsere internationale Präsenz: http://isb-i.eu